1등의
퍼스널 브랜딩

1등의 퍼스널 브랜딩

초 판 1쇄 2022년 11월 15일

지은이 임수희
펴낸이 류종렬

펴낸곳 미다스북스
총괄실장 명상완
책임편집 이다경
책임진행 김가영, 신은서, 임종익, 박유진

등록 2001년 3월 21일 제2001-000040호
주소 서울시 마포구 양화로 133 서교타워 711호
전화 02) 322-7802~3
팩스 02) 6007-1845
블로그 http://blog.naver.com/midasbooks
전자주소 midasbooks@hanmail.net
페이스북 https://www.facebook.com/midasbooks425
인스타그램 https://www.instagram/midasbooks

© 임수희, 미다스북스 2022, *Printed in Korea*.

ISBN 979-11-6910-092-2 03190

값 15,000원

미다스북스는 다음세대에게 필요한 지혜와 교양을 생각합니다.

아무도 알려주지 않는
잘나가는 강사들의 7가지 성공 비밀

1등의 퍼스널 브랜딩

PERSONAL BRANDING

임수희 지음

미다스북스

이제라도 강사님을 만나게 된 게 저에게 또 다른 행운이 찾아온 것이 아닌가 하는 생각이 듭니다. 팬이 되었습니다. ***Y

오늘부터 강사님을 모델로 삼아 학습자와 공감하고 이해하는, 강의 잘하는 강사가 되려고 다방면으로 노력해야겠습니다. ***L

〈나만의 온라인 클래스로 수익 내기〉는 임수희 강사님이 진행해주셨는데, 역시 브랜딩 전문가답게 외적인 모습과 목소리에서부터 신뢰가 갔다. *** P

강의 내용도 강의 언어도 강의 흐름도 전반적으로 강의를 즐겁게 하는 최고의 강사를 만났습니다. 정말 잘하셨습니다. 그래서 유튜브 찾아서 구독 신청했습니다. ***K

뭔가 어둡고 답답했던 제 머릿속이 뻥 뚫린 듯. 해주시는 말씀마다 제 머리를 띵하고 때리는 듯한 울림 진심 감사드립니다. 뵙고 배워서 저도 대표님처럼 울림 있는 강사가 되고 싶어요.~♡ ***P

39살 아이 엄마이지만 사실 사회생활이라고는 한 번도 해본 적이 없는…. 강사님을 뵙고 난 뒤로 자꾸 생각이 나요. 설레기도 하고 저에게 많은 변화가 생길 것 같아요.^^ ***H

강사님의 표현, 발성부터 매 강의에 친절하게 정리한 온라인 클래스 만들기에 대한 정리들 그리고 마지막으로 미모까지~^^ 배울 부분이 매우 많았고 제 머릿속으로만 맴돌던 것들이 차분하게 정리되는 느낌이었습니다. ***S

임수희 강사님은 역시 온라인클래스를 제작하는 부담감을 잘 이해하고 누구나 쉽고 간편하게 온라인클래스를 만들 수 있도록 강의를 구성했다. ***G

대표님의 밝은 미소에서부터 밝은 에너지가 뿜뿜 느껴지고 따뜻한 격려와 코칭은 제가 무엇이 부족한지 아는 데 많은 도움이 되었어요. ***H

가장 어려운 것이 알고 있는 것을 전부 말하지 못하고 내려오는 것이었는데, 오늘 이후로는 조금 바뀔 수 있는 기회가 되었습니다. 어디서 돈 주고도 못 배우는 스피칭 강의였습니다. ***K

엊그제 임대표님의 강의를 감명 깊게 들었습니다. 학습자들의 동기유발이나 학습몰입을 유도하기 위한 켈러의 ARCS이론, 임수희의 학습몰입요소 등 좋은 내용이 너무 많아 저도 꼭 활용해야겠다는 생각이 들었습니다. *** L

열정적인 원장님의 강의와 함께 PPT 작업 교육을 받고 직접 컴퓨터를 가지고 실습하는 시간을 가져 놓칠 수 있는 부분들을 습득하고 기억하는 데 많은 도움이 되었다. ***Y

인생 많이 살지는 않았지만 최고의 명강의입니다.^^ 충성. ***J

무엇보다 임수희 강사님의 강의를 듣게 되어 매우 의미 있는 시간이었습니다! ***T

오늘 교수님과 "후아유" 시간에 이야기를 하면서 내가 진짜 하고 싶고 해야 하는 게 무

엇인지 확고해지는 시간이었습니다. *** W

내 삶의 태도도 돌아보게 되고 바뀌게 할 수 있을 것 같아요. 생각하는 태도도 바뀌게 되는 것 같고, 수업시간 동안 시간 가는 줄 모르게 지나갔어요. ***CH

무려 4시간이라는 장시간 강의임에도 처음부터 끝까지 편안하게 집중해서 듣고 참석하는 시간이었습니다. 긍정 에너지 부여 받고 교육을 마치고 오히려 힘이 나는 느낌입니다. ***AB

나의 개성으로서 브랜딩 할 수 있을 것 같아서 자신감도 얻어갑니다. ***D

자기가 잘하는 걸 알림으로써 브랜딩 할 수 있으니 잘하는 것은 찾아 활용해야겠다는 생각이 들었습니다. ***R

앞으로 나를 더 발전시킬 수 있도록 이미지 관리와 지금은 중단하고 있는 감사 일기를 다시 쓰도록 나와 약속하며 운동은 지금처럼 꾸준히 하도록 하겠습니다. ***K

1등의 브랜드는 어떻게
탄생하는가

대한민국은 퍼스널(개인) 브랜드 시대다. 자신이 브랜드가 되어 선택되고, 이것으로 먹고살아야 한다. 오늘이 브랜딩 시작하기 가장 좋은 날이자 빠른 날이다. 왜냐하면, 브랜드는 하루 만에 완성되지 않기 때문이다.

이 책은 강의하고 싶거나 강사가 되고 싶은 사람은 물론 퍼스널 브랜드를 만들고 싶은 사람, 자신은 너무 평범해서 브랜드가 될까 하는 의문을 가지는 사람에게도 필요한 책이다. 평범했던 당신이 이제 특별해지는, 강의하며 더 특별해지는 방법을 알게 된다.

평범함에서 특별함으로 가기 위해서는 전략이 필요하다. 요즘 너도 나도 퍼스널 브랜드를 말하니 '나도 브랜딩 해볼까?' 하고 재미 삼아 하는 가벼운 도전은 브랜딩을 실패시킨다. 브랜딩을 해야 하는 이유가 필요하다. 명확한 목적이 있어야 하고 그것을 이루기 위한 강력한 열정도 있어야 한다. 브랜드를 만들어야 하는 이유가 자신의 삶에 중요하고 확실할수록 그것에 집중하고 힘들어도 해낸다. 단순한 도전은 포기와 실패가 따라오지만, 꼭 해야 하는 목적의식과 열정은 행동을 유발하고 결과를 만들어낸다. 따라서 브랜딩을 해야 하는 이유를 찾았다면 자신의 삶에 우선순위로 정한다.

사람은 두 마리 토끼를 잡고 싶어 한다. 경험해보아서 알 테지만 두 마리 토끼 잡으려다 둘 다 못 잡는 경우가 대부분이다. 자신은 전부 다 잘해낼 수 있다는 착각을 버린다. 어렵다. 힘들다. 삶과 일 속에서 해야 할 것들이 많고 그것으로 에너지가 소모된다. 다 잘하려고 이것저것 해보아도 성과는 나지 않고 지쳐만 갔던 경험이 있을 것이다. 에너지가 부족하면 할 수가 없다. 성과는 한곳에 집중할 때 가능하다.

당신의 삶에 브랜딩이 들어가기 전 덜 중요한 것을 먼저 뺀다. 성공적인 브랜딩을 위해 당신의 에너지와 시간을 빼앗는 것을 먼저 정리, 제거한다. 과부하 상태에서는 시작해도 절대 끝까지 가지 못하고 포기하게 된다. 더하기 위해서는 먼저 빼는 것부터 해야 한다. 아울러 브랜딩을 잘하고 싶다면 다짐이나 결심보다 할 수 있는 환경으로 바꾸도록 한다. 이 책을 선택하여 읽는 것 또한 환경을 조성하는 것이다. 조성되지 않은 환경이라 실천이 안 되고, 안 하니 뒤로 밀리고, 뒤로 미루다 보면 제자리이다. 아니 도태된다. 나아지는 것은 아무것도 없다.

성공하고 싶다면 퍼스널 브랜딩 하라!

개인 브랜드로 성공한 사람들은 브랜딩 전략으로 강의를 하고 있다. 주위 퍼스널 브랜드로 성공한 사람을 떠올려보자. 강의하고 있거나, 강의 영상이 있을 것이다. 자신의 상품을 쉽게, 빨리 알리는 방법이 강의, 스피치이기도 하다. 그런데 좋은 콘텐츠를 갖고도 스피치 방법을 모르거나 또는 강의 전달력이 부족해 브랜딩을 못 하고 있는 사람이 있는가 하면, 단순 말빨로 들이대듯 강의하는 사람도 있다. 강의가 말만 잘한다고 되는 것이 아니다. 강의 설계에서 전개, 집중시키는 기술로 사람들을 감동시키고 선택하게 하는 브랜딩 성공 공식이 있다. 성공한 잘나가는 강사를 떠올려보면 훨씬 이해가 잘 될 것이다.

　퍼스널 브랜드 관련 책은 대부분 SNS 마케팅에 관한 내용이 많다. 그러나 퍼스널 브랜드의 핵심은 콘텐츠이다. 강사 브랜드의 핵심은 콘텐츠와 강의 기술이다. 이 책은 콘텐츠를 찾는 방법, 스피치, 강의 기술, 마케팅 방법이 실질적이면서 구체적으로 제시되어 브랜드를 만들고 가치를 높이며 특별해질 수 있는 딱 좋은 책이다. 단순 퍼스널 브랜딩 정의와 강의 이론을 담은 참고서가 아닌 바로 자신의 삶에 적용할 수 있는 실용서로 이 책이 활용될 것이다. 이 책을 선택한 당신이 탁월했음을 꼭 증명해내며 강사 브랜드로 성공할 수 있도록 도울 것이다. 당신은 이제 제대로 강의하며 더욱 특별해진다. 이 책을 통해 브랜딩에 성공했다는 소식을 꼭 듣고 싶다. 이 책은 당신을 반드시 성공적인 브랜딩으로 이끄는 온리원(Only One) 프로젝트가 될 것이다.

목 차

프롤로그 1등의 브랜드는 어떻게 탄생하는가   008

Part 1

잘나가는 1등 강사들의 7가지 성공 비밀

1. 스펙이 아닌 경험 가치를 팔아라   019

2. 꾸준함으로 최고의 브랜드를 만들어라   024

3. 온택트 파도에 올라타라   030

4. 브랜드를 완성시키는 3가지 키(key)를 명심하라   036

5. 나만의 실력으로 승부하라   050

6. 지금부터 실용공부 하라   056

7. 선한 영향력을 전파하라   062

Part 2

수익을 200% 올려주는 1등의 마케팅 도구들

1. 브랜드 가치를 검증받는 기회, 온라인 라이브 073

2. 능력을 드러내는 마케팅 078

3. SNS 채널을 십분 활용하라 086

4. 단박에 기억되는 타이틀과 키워드 094

5. 보이는 것이 전부다 : 이미지 마케팅 098

6. 분명하게 전달하라 : 음성 마케팅 110

7. 나를 선택하게 하라 : 관계 마케팅 122

Part 3

브랜딩의 본질이 되는 1등 강의 스킬 : 참여교수법

1. 내 앞의 청중부터 파악하라   135

2. 끌림이 있는 오프닝이란?   142

3. 최고의 강의는 튼튼한 설계로부터   148

4. 강의 집중 동기 부여 교과서 참여교수법   162

5. 강의에 흥미를 더하는 스팟   172

6. 강의를 망치는 리스크를 제거하라   180

7. 기억에 남게 하는 강의 방법 3가지   186

Part 4

나만의 온라인 강의를 제작하라

1. 온라인 강의를 만들어야 하는 이유 203

2. 강의를 만들기 전에 고려할 것들 208

3. 어떻게 강의를 찍고 만들 것인가? 220

4. 온라인에서 많이 놓치는 것들 226

5. 온라인 강의 유통 판매 232

에필로그 나다움으로 브랜딩 성공하기 236

1등 강사 코치의 한마디

PERSONAL
BRANDING

브랜딩에 성공한 사람, 브랜드가 만들어진 잘나가는 강사들에겐 비밀이 있습니다. 자신만의 강점 콘텐츠가 있으며, 그것을 잘 전달하는 기술력 외에도 특별해진 전략 비밀 공식이 있습니다. 지금부터 공개하는 7가지 비밀은 당신에게 동기 부여 및 길잡이가 되어줄 것입니다.

Part 1

잘나가는
1등 강사들의
7가지
성공 비밀

스펙이 아닌 경험 가치를
팔아라

퍼스널 브랜딩이 필요한 시대

"경험은 있는데 학력이 부족해서…!"라고 말하며 스스로 위축될 필요가 없는 세상입니다. 얼마나 쉬워졌나요? 제가 강의 시작할 때는 학력을 따지는 분위기가 있었습니다. 그래서 살림, 육아, 경영, 강의로도 벅찬 삶에 학력을 높이기 위해 꾸역꾸역했던 학업으로 육체와 정신이 너무 힘들었습니다. 과거와 지금을 비교하면 강사로 진출하기 정말 쉬워졌고, 퍼스널 브랜드를 만들기에도 정말 쉬워진 세상입니다.

자신의 이름을 걸고 비즈니스를 시작하는 사람들이 정말 많아졌습니다. 그 속에서 퍼스널 브랜드로 성공한 사람들이 계속해서 탄생하고 있습니다. 평범한 직장인에서 자신만의 성공 경험을 강의로 전하며 퍼스널 브랜드가 완성된 많은 사례를 우리는 듣고 보고 있습니다. 과거에는 전문 지식 스펙을 갖춘 자들에게나 퍼스널 브랜드가 어울리고 가능했습니다. 학력과 스펙, 전문 지식, 강의 실력을 기본으로 갖춘 자만이 강사로 인정받고 강사 브랜드 만들기가 가능했습니다.

나만의 경험이 최고의 브랜드를 만든다

이제는 시대가 변하여 스펙이 아닌 경험의 가치를 인정합니다. 자신의 경험과 노하우, 자신의 콘텐츠를 상품화시켜 누구나 전하고 강의할 수 있는 시대가 되었습니다. 요즘 퍼스널 브랜드로 강의하는 강사들은 이론이 거의 없습니다. 학력으로 자신을 어필하지도 않습니다. 콘텐츠의 경험, 노하우, 방법을 전하고 강의합니다. 자신이 알려주고 싶은 방법, 정보, 생각을 전하는 방법이 스피치와 강의보다 더 좋은 것이 있을까요? 이제는 온라인 또는 대면에서 너도 나도 강의하고, 강의할 수 있습니다.

살면서 자신이 경험하며 얻게 된 정보 지식, 노하우, 그뿐만 아닌 실패, 시행착오 등의 경험들이 모두 강의 내용, 즉 퍼스널 브랜드의 상품입니다. 실패, 시련의 경험을 강의해도 사람들의 반응은 좋습니다. 공감되기 때문입니다. 아울러 실패와 역경을 극복한 경험 방법을 강의로 전하면 사람들에게 동기 부여가 되어 반응이 좋습니다. 퍼스널 브랜드로 성공한 사람들은 좋은 경험이든 아픈 경험이든 자신의 경험에 의한 귀하고 차별화된 상품을 가지고 있습니다.

요즘 개인 브랜드로 성공한 사람들이 전하는 강의 콘텐츠 중에 부자, 수익에 관련된 강의가 많습니다. 그런데 교수, 연구자 등의 고학력자 출신보다는 학력과 상관없이 자신이 겪었던 경험과 노력을 통해 이루어진 결과 및 방법을 강의로 전하는 실제 경험자들의 강의를 더 선호하고 인기가 많습니다. 자신이 처했던 상황 속에서 겪은 문제점, 그것을 해결한 문제 해결 경험은 공감과 함께 설득력이 높아 많은 사람이 강의로 듣고 배우고 싶어 합니다. 사람들은 비슷한 경험을 하고 비슷한 상황 속에 처해 있기에 그것을 해결하는 방법에 관심이 많습니다. 학력이 아닌 경험, 그 속에서 알게 된 방법, 기술 등 경험 속에서 형성된 콘텐츠가 이제 개인의 브랜드를 만들어줍니다.

당신은 물론 우리 모두에게는 귀하고 소중한 경험이 있습니다. 자신만의 경험을 경쟁력 있는 상품으로 만들어 세상에 판매하세요. 당신만의 고유하고 차별화된 콘텐츠이자 특별한 상품입니다. 누구도 흉내 낼 수 없는 상품입니다. 그러니 당당하게 드러내고 파세요. 많은 사람이 선택할 것입니다.

임수희의 1등 브랜드 팁!

인생은 새옹지마다. 이제 학력 스펙의 열등감에서 벗어난다. 당당하게 당신의
열등감 탈출 경험을 팔아라!

02

꾸준함으로 최고의 브랜드를
만들어라

운은 만나는 것이 아닌 만드는 것이다

전국 기술 분야 대한민국 명장 대상 강의 스킬 교육이 있던 날, 의뢰받은 강의는 효과적인 강의 전달법입니다. 150분간 강의하며 나눈 내용 중 모두가 공감했었던 단어, 바로 '운삼기칠'입니다. 사실 사람들에게 익숙한 단어는 '운칠기삼'입니다. 운칠기삼이란 어떤 일을 할 때 운이 7이고 자기 실력이 3이라는 뜻으로 아무리 노력해도 일이 이루어지지 않거나, 노력을 들이지 않았는데 운 좋게 어떤 일이 성사되었을 때 쓰는 말입니다.

주위에서 운칠기삼의 좋은 운을 만난 사람들을 볼 때가 있습니다. 결과는 운을 만난 것으로만 보이지만 시작과 과정은 노력의 시간을 가진 결과 운을 만났다는 것! 명장 브랜드 및 퍼스널 브랜드 또한 '운삼기칠'로 시작하여 운칠기삼이 됩니다. 즉 처음에는 노력이 7로써 노력으로 실력을 다져놓으면 기회라는 운, 많은 기회를 만나게 되는 것입니다. 명장으로 인정받는 것은 단순한 운으로 만들어진 결과가 아닌, 시간과 노력을 투자하여 얻게 된 결과입니다. 그것을 인정받고 명장 브랜드가 완성된 것입니다.

퍼스널 브랜드, 강사 브랜드도 마찬가지입니다. 어쩌다 기회가 생겨서 강의할 수는 있습니다. 이제는 누구나 강의할 수 있고 원한다면 지금 당장 플랫폼을 통해 강의할 수 있습니다. 그러나 강의를 한 번 했다고 강사로 인정받는 것은 아닙니다. 잘나가는 강사들의 SNS 채널을 살펴보면 읽고, 쓰고, 연구하고, 개발하고, 고민하고를 반복합니다. 절대 현재의 결과를 그냥 갖게 된 것이 아닙니다. 노력을 통한 실력, 노하우가 쌓이고 그것이 운을 만나 확장된 것입니다. 그때부터는 더 큰 운을 만나며 더 많은 기회가 찾아오게 됩니다.

강사 브랜딩이나 강사 교육 시 가장 많이 받는 질문 중 하나가 '어떻게 하면 강의를 잘할 수 있느냐?'입니다. 이런 질문을 받으면 매번 같은 답을 전합니다. 반복되는 연습, 그리고 많은 경험, 공부, 그리고 이것을 꾸준하게 이어가는 것이라고! 일회성이 아닌 실력을 높이기 위한 꾸준함, 이것이 브랜딩 전략이며, 꾸준함을 통해 쌓인 실력과 결과물로 브랜드가 완성됩니다.

꾸준함이 브랜드를 완성시킨다

브랜드는 하루아침에 완성되지 않습니다. 많은 사람에게 인정받는다는 것 또한 결코 쉬운 일이 아닙니다. 종종 성공한 사람들의 이야기를 듣다 보면 기반을 잡기까지 시간과 고생이 있었음을 우리는 듣게 됩니다. 1~2시간만 강의해도 몇십만 원에서 몇백만 원의 수익이 발생한다는 것을 들은 사람들은 과정은 생각하지 않고 결과에만 솔깃하지만, 과정이 필요합니다. 퍼스널 브랜드로 성공한 사람들은 꾸준함의 키워드가 항상 따라다닙니다.

강의하며 전국 많은 지역을 다녔고 다니고 있습니다. 많이 이동할 때는 1년에 10만㎞를 직접 운전하며 달렸습니다. 울릉도에서 강의해본 적 있나요? 저의 강의 지역엔 제주는 기본 울릉도도 포함되어 있습니다. 대한민국 땅, 극과 극을 달릴 때도 있습니다. 전국을 다니며 강의한다는 것이 쉽지 않습니다. 그러나 20년째 이것을 꾸준하게 했고 지금도 하고 있습니다. 브랜딩이기 때문입니다.

브랜드 성과를 만들고 싶다면 해야 할 것을 꾸준하게 이어서 합니다. 기업도 개인도 한방 성공 브랜드는 없습니다. 노력 없는 놀라운 결과는 생기지 않습니다. 책을 읽고 알았음에도 불구하고 브랜딩이 잘 안 된다면 그건 책이 문제가 아니라 당신의 생각에 문제가 있는 것입니다. 특별해지기 싫으면 '뻔한 말이네.', '별거 없네.', '그런다고 되겠어?' 등으로 자신의 멘탈을 세팅하며 평범한 삶을 선택합니다. 그럼 달라지지 않습니다. 자신을 합리화시키며 자존심을 지키려는 태도, 남 탓하는 태도를 버리고 꾸준함이 부족했던 자신을 인정하며 자신의 뇌를 새롭게 세팅하고 해야 하는 것에 집중하며 실천합니다.

브랜딩은 자기 자신과 싸움에서 이겨내는 것도 포함됩니다. 인생에서

목표한 것을 이루기 위해 꾸준히 노력하는 사람만이 탄탄하고 질적으로

다른 삶을 살며 그 속에서 브랜드가 만들어집니다.

임수희의 1등 브랜드 팁!

결과와 상관없이 꾸준하게 실행하는 당신을 스스로 칭찬하라. 칭찬할수록 성
공적인 결과를 만든다.

03

온택트 파도에
올라타라

오프라인 익숙함에서 탈출하라

"당신을 검색하면 온라인에 나오나요?"

"콘텐츠가 온라인에 존재하나요?

당신의 답은?

요즘 퍼스널 브랜드에 성공한 사람치고 자신이나 콘텐츠가 온라인에

존재하지 않는 사람이 없습니다. 이제 온라인 세상은 브랜딩에서 빠질

수 없는 영역이자 공간이 되었습니다.

코로나로 인해 많은 것이 변했고 변하고 있습니다. 갑작스러운 변화의 파도에 휩쓸려 떠내려가버린 사람도 있고, 아직 죽을힘을 다해 기둥을 잡고 버티고 있는 사람도 있습니다. 이런 와중에 아직도 과거 방식인 대면만 고집하고 있다면 무엇을 상품으로 하든 매출이 줄거나 유지하기는 어렵습니다. 코로나가 많은 것을 바꾸어놓았기 때문이죠. 이런 와중에 코로나가 끌고 온 온택트 파도에 올라타 재밌게 삶을 즐기고 있는 사람도 있습니다.

강의 시장도 마찬가지입니다. 저 역시 코로나가 오기 전에는 대부분을 오프라인에서 강의했습니다. 그러다 코로나 쓰나미에 휩쓸려 혼란을 겪다가 살아남기 위해 온라인 방식을 추가했고 지금은 오프라인 및 온라인에서도 제 강의를 만날 수 있습니다. 유튜브(임수희 TV)를 비롯한 각종 플랫폼에서 강의하는 임수희를 만날 수 있습니다. 직접 만나지 않더라도 SNS 채널 및 온라인을 통해 콘텐츠를 배울 수 있으며 필요한 사람들에게 선택되고 있습니다.

강의할 수 있는, 자신이 가진 콘텐츠를 전할 방법들이 다양해졌습니다. 그중 온라인을 통해 강의하거나 지식 정보를 전하는 방법과 기회가 상당히 많아졌습니다. 많은 사람이 온라인을 선택하고 그쪽으로 몰리고 있습니다. 물론 아직 익숙한 것은 오프라인이지만 추세는 온라인으로 계속 옮겨가고 있는 것은 사실이죠. 이것에 발 빠르게 움직인 강사는 큰 타격 없이 강사 브랜드를 이어가고 있지만, 코로나가 끝나기만을 기다리며 자신조차 익숙한 오프라인 강의만 선호하는 강사는 경제적으로 상당한 타격을 입었고 버티기 힘든 상태이거나 강사 직업을 포기하고 다른 일을 시작한 사례도 있습니다. 시대 흐름의 변화에 맞게 움직이지 못하면 자신이 하는 일을 끝까지 하기 힘든 세상이 되었지만 시대 흐름에 올라타면 자신이 하는 일을 다른 방법들을 통해 이어나갈 수 있기도 합니다.

현재 존재감 있고 퍼스널 브랜딩에 성공한 사람들은 변화된 온택트 시대, 마케팅 트렌드 변화에 같이 움직이며 그 흐름에 올라탄 공통적인 특징을 가지고 있습니다. 대면에서만 이루어지던 과거 방식 외 온라인, 유튜브, 전자출판 등 콘텐츠를 다양한 온라인 SNS에 노출 공개하여 브랜드 가치를 상승시켰습니다. SNS 채널에 검색되지 않거나 온라인에 노출되지 않는 강사는 현재 브랜드 가치가 없어졌다고 봐야 합니다. 존재감이 없어 선택받지 못했기 때문입니다. 텔레비전에 나와야 특별한 것이 아닌, 이제는 온라인에 자주 등장할수록 특별해지는 세상입니다.

"

SNS 채널에 검색되지 않거나
온라인에 노출되지 않는 강사는 현재 브랜드 가치가
없어졌다고 봐야 합니다.

"

임수희의 1등 브랜드 팁!

온라인에서 레버리지 당하지 말고 많은 사람이 내 편이 되도록 레버리지 하라.

04

브랜드를 완성시키는 3가지 키(Key)를 명심하라

아무도 알려주지 않던 강사 브랜드를 여는 3가지 키를 공개

퍼스널 브랜드로 경쟁하는 시대, 브랜드를 만들기 위해서는 자신이 잘하는 것을 콘텐츠로 시작하면 성장 속도가 빨라집니다. 강사 브랜드는 좋은 콘텐츠와 강의 기술, 멘탈(정신) 이 3가지로 브랜드 가치가 결정됩니다.

자신이 잘 아는 분야가 아니라면 섣불리 강의로 전하지 않는 것이 좋

습니다. 듣는 청중은 압니다. 당신이 프로인지 아마추어인지를. 얕은 지식으로 강사 흉내 내기는 브랜드로 인정받지 못합니다. 한두 번 강의는 할 수 있어도 꾸준하게 수익을 올리며 강의하는 강사 브랜드는 만들어지지 않습니다.

성공하는 기업은 그들만의 기술력이 있습니다. 개인 브랜드로 성공한 사람들도 자신만의 기술력이 있습니다. 특별할 수 있었던 또 하나는 그들을 지탱시키는 강한 멘탈과 열정이 그들에게는 있습니다. 강사조차도 아무도 알려주지 않던, 잘나가는 강사로 브랜드를 인정받으며 특별해지는 3가지 핵심 요소를 공개합니다.

브랜드 파워 콘텐츠(상품)

1. 당신이 좋아하는 유명 기업의 대표 상품은 무엇인가요?
2. 당신이 좋아하는 잘나가는 강사의 대표적인 상품(콘텐츠)은 무엇인가요?
3. 당신을 대표하는 상품(콘텐츠)은 무엇인가요?

각 질문에 떠오르는 답이 기업의, 강사의 브랜드 파워입니다. 성공한 기업은 최고의 매출을 올려주고 유명세를 올려주는 제품, 상품이 있습니다.

마찬가지로 개인 브랜드가 성공하려면 선택받을 상품(콘텐츠)이 있어야 합니다. 개인 콘텐츠는 당신이 잘하는 것, 또는 경험을 통한 노하우가 있는 차별화된 것이면 좋습니다. 이론과 지식만으로는 많이 선택되지 않습니다. 콘텐츠에 공감, 여운, 감동의 감성을 자극하는 동기 부여가 있으면 많이 선택됩니다. 감성 자극은 경험에서만 가능합니다. 결국, 많은 사람이 선택해주는 경험 콘텐츠가 당신의 개인 브랜드 상품이 됩니다.

요즘 브랜딩 하면 마케팅 방법에 관한 내용이 많습니다. 브랜딩에서 마케팅은 필요하고 중요합니다. 하지만 퍼스널 브랜드의 핵심은 콘텐츠, 또는 아이디어, 다르게 표현하면 무기, 자신만의 경쟁력 있는 상품입니다. 기업도 상품이 있어야 마케팅을 할 수 있듯이 팔 것이 없으면 마케팅은 의미가 없습니다. 마찬가지로 개인 브랜드는 자신만의 콘텐츠(상품)가 있고 그것을 브랜딩을 통해 많은 사람에게 선택받아야 합니다.

자신의 콘텐츠를 찾고 싶다면, 자신이 잘하는 것, 자신에게 좋은 습관화 된 것, 자신이 소유한 것, 사람들이 필요로 하는 것, 남들보다 차별적인 것, 사람들을 돕는 데 무리가 없고 부담이 없는 것, 필요로 하는 사람들이 많은 것이 콘텐츠가 됩니다. 관심 있고 좋아하지만 잘하지 못하는 것과 좋아하진 않지만 오랜 경험 및 경력을 통해 잘하는 것이 있다면, 잘하는 것을 선택합니다. 자신이 좋아하지만, 기술이 없으면 상품의 완성도가 떨어집니다. 그러나 잘하는 기술 있는 상품은 그 노하우를 배우고 싶어 합니다. 즉 잘하는 것이 나를 먹여 살립니다.

안타까운 것은 사람들은 자신만의 콘텐츠, 경쟁력 있는 상품을 가지고 있음에도 불구하고 자신이 잘 모르고 있습니다. 그 이유는 가지고 있는 것에 집중하지 않고 가지지 못한 것에 집중하기 때문입니다. 긍정적인 시야로 자신을 살펴보면 좋은 콘텐츠를 찾아낼 수 있습니다. 살아가는 현실에 치우쳐 한동안 잊고 있었던 자신이 잘하는 것을 찾아봅니다. 그것을 다시 강력해지게 강화하는 작업을 하고 세상에 내놓으면 그것은 빛을 발합니다. 만약 콘텐츠가 없다면 강의하고 싶은 분야의 콘텐츠를 정하고 공부합니다. 해당 분야 전문가 수준으로 강의하고 싶다면 관련 서적을 최소 20권 이상 읽으며 공부합니다.

전공하거나 해당 분야 전문 연구자가 아닌 사람이 얄팍하게 아는 지식을 콘텐츠로 강의하면 위험합니다. 요즘은 강의를 듣다가 의문이 생기면 바로 그 자리에서 스마트폰으로 확인할 수 있습니다. 전달한 내용이 틀렸거나 잘못된 내용을 전달했다가는 현장에서 낭패를 겪을 수 있습니다.

질문에 대해 제대로 답도 하지 못한다면 전문성을 결여하여 신뢰감을 잃게 됩니다. 인터넷에 넘쳐나는 자료들로 강의하거나 다른 강사의 자료를 그대로 따라 하면 브랜드가 만들어지지 않습니다. 브랜딩 실패 요소가 됩니다. 모방에만 익숙해지면 스스로 개발하는 콘텐츠 개발력, 즉 창조성이 부족해 차별성이 없어 개인 브랜드로 완성이 안 됩니다. 벤치마킹하더라도 자기 버전으로 재창조해야 합니다. 그대로 가져다 쓰는 모방은 범죄이며 쌓이고 쌓여 브랜드를 망치는 작업이 됩니다. 콘텐츠도 당신도 재창조되어야 발전합니다.

무언가 새로운 것에 도전할 때 행복 호르몬 도파민이 분비되어 성공 확률을 높여줍니다. 사람은 똑같은 방법대로 따라 하는 것에는 크게 의욕이 생기지 않습니다. 오히려 지겨워지거나 싫증을 빨리 느끼게 됩니다. 당신의 브랜딩 또한 제 책의 내용을 그대로 따라만 하면 빨리 싫증을 느끼고 중간에 그만둘 수 있습니다. 자기 것으로 창조하여 도전하는 것이 아니기 때문이죠. 브랜딩 방법을 제 책의 내용을 바탕으로 하되 자신에게 더 잘 맞는 버전으로 재창조하여 그것에 도전하면 열정과 의욕이 생겨 좋은 결과로 이어집니다.

콘텐츠를 빛내는 강의 기술

강의 잘하는 잘나가는 강사를 떠올려봅니다. 말 그대로 강의 내용이 좋고, 강의를 잘한다고 스스로 인정해서 떠오른 인물입니다. 그 사람들만의 리듬이나 특징이 있습니다. 내용(콘텐츠)이 마음에 들거나, 재미있게 또는 집중되게 강의를 잘하는 기술에 당신은 끌렸습니다. 어려운 내용도 이해하기 쉽게, 재미 또는 흥미롭게 전달할 수 있는 기술이 사람에게는 필요합니다. 청중은 이해하기 쉬워야 듣고 적용하려 합니다. 어려우면 '내가 할 수 있을까?' 하는 부담감에 동기 부여가 떨어집니다.

지루하지 않고 재미와 흥미가 있어야 긴 시간 강의도 집중하며 듣습니다. 강연 장소에서 만나는 청중들은 대부분 그 강연을 듣고 싶었거나 평소 좋아하는 강사를 만날 기회가 생겨 찾는 경우가 많습니다. 그래서 강연에 호의적이고 집중하며 잘 듣는 편입니다. 반면, 일반적인 교육이나 기업 교육은 자신의 선택과는 상관없이 소속되어 있는 조직이나 기관의 지시로 참석하기에 강의에 관심이 없거나 부정적인 감정을 내포할 수 있으므로 긍정적이면서 흥미와 재미가 포함된 강의 분위기를 이끌 필요가 있습니다.

무미건조하게 말하기보다는 생동감 있게, 끌리게, 콘텐츠(상품)가 빛나게, 동시에 자극과 동기 부여를 제공하여 강의를 통해 방법을 알고 효과를 얻도록, 선택하도록, 상품과 당신을 기억에 남도록 하는 이 모든 것이 기술력입니다.

콘텐츠가 있고 강의하고 싶다면 강의 기술만 배우면 바로 강의가 가능합니다. 콘텐츠가 없지만 강의하고 싶다면 자신만의 콘텐츠(잘하는 것, 상품)를 찾습니다. 없다면 강의하고픈 분야의 지식을 먼저 공부하고 익히며 강의 기술을 배우면 강의할 수 있습니다. 그냥 해도 된다는 생각은 버립니다. 자신만만하게 말빨이 기술인 양 진짜 강의 기술력이 부족했던 강사는 오래 살아남지 못했습니다.

끝까지 해내는 멘탈

고향이 창원인 저는 당시 지방에서 강사가 되겠다고 하니 격려와 응원하는 분들도 있었지만 '모래 위에 집짓기다.', '서울에서나 가능하지 지방에서는 강사로 살아남기 힘들다.'는 걱정과 부정적인 소리도 있었습니다. 그럴수록 한계를 뚫고 더 하고 싶었습니다. 늘 저의 생각과 마음은 강의뿐이었으며,

'나는 대한민국에서 잘나가는 강사다.'
'급여보다 더 많은 돈을 번다.'
'나는 해내고야 만다.'
'모르면 배우고 공부해서라도 반드시 해낸다.'
'무조건 만족도를 높이는 강의를 한다.'

하는 생각과 혼잣말을 반복하며 강의에 파고들었습니다. 이러한 반복된 생각의 습관은 저의 정체성을 바꾸어 강사로 만들었습니다. 또한, 확실히 에너지가 분산되는 것을 줄이고 온통 강의에만 집중하고 파고드니 성과가 나타나는 것을 경험하고 느낄 수 있었습니다. 과거의 기억을 떠

올려보면 무언가에 빠져 열정으로 파고들 때 결과는 완성되었습니다.

끝까지 해내는 멘탈로 새롭게 세팅하고 이것을 소리내어 말합니다.

'나는 강의를 잘한다.'
'나는 브랜딩에 성공했다.'
'나의 브랜드로 돈을 벌고 있다.'
'나는 특별하다.'

목표가 최종적인 결과로 나타나려면 생각과 말하는 습관의 정체가 바뀌어야 합니다. '원하는 사람'으로 말하는 것보다 '이런 사람이다'로 멘탈을 세팅하고 말하는 것이 효과적입니다. 그럴수록 열정이 샘솟고 몸이 긴장되고 표정과 눈빛이 달라지는 자신을 느끼게 됩니다. 자신에게 자부심을 가질수록 훈련이나 습관을 더 잘 이어가는 자신의 상태가 됩니다. 반복적인 멘탈 세팅과 말하는 습관이 퍼스널 브랜드로 성공한 정체성을 가진 사람으로 만들어줍니다.

'강의' 하면 어떤 감정이 생기나요?

저는 긴장감과 설렘, 부담감, 열정이 생깁니다. 이 감정들이 지금의 임수희 브랜드를 만들었습니다. 적당한 부담감이 있어야 노력합니다. 그리고 설렘과 끌림이 있어야 부담감을 극복하고 이어갈 수 있습니다. 모든 것은 첫 번째로 열정이 있어야 하고 자신이 에너지를 쏟고 해나가는 과정에서 행복감이 느껴져야 합니다. 그래야 꾸준하게 오래 할 수 있습니다. 이것은 저에게만 해당하는 것이 아닌 퍼스널 브랜드로 성공한 사람들은 강렬한 열정과 자신만의 신념 같은 감정과 멘탈을 유지하며 브랜딩을 이어갔습니다. 최고의 조건에 자신을 두어도 마음이 지옥이면 즐겁지도 행복하지도 않고 아무것도 하기 싫습니다. 마음의 열정이 있으면 악조건에서도 지혜롭게 헤쳐나가려고 노력합니다. 그 어떤 노하우나 기술보다 더 귀한 것은 바로 그것을 향한 진실된 마음, 진실성입니다.

당신이 지금 이 책을 읽는 것 또한 브랜딩에 성공하고 싶은 마음에 의한 행동입니다. 브랜딩 하기 싫으면 애초에 이 책을 선택하지도 않았으며 하더라도 자꾸 뒤로 미룹니다. 강의에 열정이 없고 피하고 싶은 부담감을 느낀다면 강의와 관련된 준비나 행동들을 최대한 미루거나 피합니다.

'당신이니까 가능했지!'

'나는 어려울 거야!'

'귀찮아. 있다가 나중에 하자…!'

이런 생각은 당신이 생각한 대로 아무것도 하지 않고 머물러 있게 할 것입니다. 왜냐하면, 당신이 그렇게 멘탈을 세팅하고 마음먹었기 때문입니다. 대부분의 사람들이 이렇게 약한 멘탈로 살고 있습니다. 당신이 멘탈을 바꾸면 이들 중에서 특별한 존재가 되며 1등이 됩니다.

사람들이 필요로 하는 것을 알려주려는 마음은 그들을 위한 내용을 준비하고 기술을 향상하는 행동을 하게 만듭니다. 알고 있는 정보와 경험의 노하우를 필요로 하는 사람들에게 강의를 통해 도움을 주는 사람이라고 세팅하면 처음엔 어설프고 서툴지라도 공부하고 연습하여 갈수록 실력이 향상되고 그 속에 진정성까지 담겨 당신의 브랜드는 가치를 인정받게 됩니다.

기억하세요! 브랜드는 많은 사람에게 선택될 때 가치가 상승합니다. 많이 선택되려면 그들을 위한, 그들이 필요로 하는 강의를 준비해서 들려주면 됩니다. 그것은 강의에 대한 열정, 강의에 대한 당신의 멘탈이 제대로 세팅될 때 더 잘 준비되고 브랜딩 됩니다. 시켜서 하는 일은 두렵고 떨립니다. 그러나 자발적으로 하는 일은 두렵기도 하고 떨리기도 하지만 그 속에 설렘이 있습니다. 설렘이 있어야 끌려서 하게 됩니다. 브랜드를 만들고 싶다면 이왕 시작하는 것 제대로 잘하고 인정받으세요.

"

반복적인 멘탈 세팅과
말하는 습관이 퍼스널 브랜드로 성공한 정체성을
가진 사람으로 만들어줍니다.

"

임수희의 1등 브랜드 팁!

약해빠진 멘탈을 버려라. 최고로 성공한 자신으로 세팅하라. 멘탈을 바꿔야
인생이 바뀐다.

05

나만의 실력으로
승부하라

어제의 당신과 경쟁해서 이겨라

강사가 되겠다고 직장을 그만둔 후 경제적 압박이 오고 절박해지기 시작하며 무엇이든지 닥치는 대로 해야 하는 상황에서 시간당 3만 원 8시간 강의를 의뢰받았습니다. 그 강의를 수개월 동안 끊임없이 이어서 했습니다. 시간당 3만 원, 4만 원, 5만 원의 강의료이지만 의뢰가 오면 지역을 따지지 않고 달려가서 강의했습니다. 지금 와서 생각하면 그것은 제게 기회였습니다.

움직일 수밖에 없는 환경에 놓이거나 그런 환경을 만들어야 움직이게 되고, 움직이는 실행만큼 경험의 가치가 쌓입니다. 당시 강의를 다니며 신혼집 입구에 붙여두었던 메시지,

"1시간 강의하고 30만 원 강의료 받는 강사다."

집을 오갈 때 보면서 느슨해지지 않도록 멘탈을 잡고 성공하기 위한 전략이었습니다. 강의료가 적은 곳에 강의 가면 강의료보다 더 비싸고 값진 경험을 할 때가 많습니다. 강의를 할 수 있는 경험의 기회, 그것으로 쌓이는 실력과 경력, 강의하며 직접 느끼는 현장 분위기, 청중의 심리 및 특징을 직접 경험하는 이득도 있습니다. 그것을 바탕으로 강의 내용 및 강의 전달력이 수정·보완되고 또 강의하고를 반복하니 내용과 기술이 빠르게 업그레이드되었습니다. 어느덧 목표 강의료를 뛰어넘었고, 강의평가 1등, 연간교육체결, 1시간 100만 원 강의료, 지금은 목표 강의료 10배 이상을 받으며 강의하고 있습니다. 심지어 금액을 제시하지 않아도 요청하는 곳에서 강의료를 먼저 더 올려 섭외하려 합니다.

실력이 있어야 추천도 거래도 가능하다

　잘나가는 강사들도 처음부터 강의료나 강의 규모가 거대하지 않았습니다. 어떤 강의든 마다하지 않고 그것을 기회로 만들었다는 공통된 특징을 가지고 있습니다. 요즘은 1시간 기준 3만 원 강의료는 많이 없지만, 이 금액을 제시하면 대부분의 초보 강사들조차 꺼립니다. 돈이 안 된다는 이유입니다. 요즘은 돈을 쉽게 벌고 싶은 분위기인데 과연 쉽게 돈을 버는 방법이 있을까요?

　새내기 강사나 파트너 강사를 섭외할 때 지역 따지고, 강의료 따지는 강사들이 있습니다. 따져야 하는 것은 맞습니다. 그것을 따지고 싶다면 강의료에 따르는 강사의 경력이나 실력 등 강사의 가치를 제시할 수 있어야 합니다. 상품 가치(금액)는 타인이 결정합니다. 자신이 가치를 높여도 타인이 선택하지 않으면 그것은 가치를 인정받지 못한 것입니다. 돈 안 되는 강의라고 거절하면 진짜 돈이 안 되는 상황이 이어지고 기회도 못 만날 수 있습니다.

　실력이 너무 없다면 기술을 배우세요. 지식 이론은 관련 서적으로 공부해서 배울 수 있습니다. 그러나 방법, 기술에 관련된 것은 읽는 것만으로는 한계가 있습니다. 해당 분야 전문가를 통해 직접 보고 실습하며 배우는 것이 가장 **빠르게** 이해하며 배울 수 있는 전략입니다. 아주 **빠르게** 성장할 수 있습니다. 그 후 기회가 오면 기회를 잡으세요. 그 기회는 상품 가치, 즉 강의료 수익을 높일 수 있는 경력을 쌓아주는 소중한 기회이니 놓치면 본인만 손해입니다. 지금은 적은 금액이라 할지라도 마다하지 않고 꾸준히 하면 강사 브랜드 가치를 높이는 데 확실한 효과를 얻게 합니다. 다시 말하지만, 배움도 경험에 포함됩니다. 실력을 키우면 그 실력이 당신을 먹고살게 해줍니다.

"

강의를 거듭할 때마다 실력과 경력, 강의하며 직접 느끼는
현장 분위기, 청중의 심리와 특징을 직접 경험하는 것을 바탕으로
강의 내용과 전달력을 매번 업그레이드해야 합니다.

"

임수희의 1등 브랜드 팁!

실력 없는 자들은 실력자를 비방하며 자기 옆으로 끌어내리려 시간을 낭비한다. 그 귀한 시간을 실력자 옆으로 가서 실력 키우는 시간으로 바꾸어라.

06

지금부터 실용공부
하라

부족하다면 공부해서 채워라

평생교육 강사 역량교육 현장에서 교육생으로 참여하던 강사님, 자신의 강의 역량보다 강의료가 너무 적어 항상 손해 보는 느낌이 들며 강의를 잘해주기 싫다는 말과 함께 오랜 경력으로 자신은 이미 이 분야의 최고인데 터무니없는 강의료로 콘텐츠만 뽑아가는데, 강의료 인상을 요구하고 싶지만, 강의료가 정해져 있는 기관이라 그것도 불가능하다며 강의장에서 공개적으로 불만을 호소했습니다.

저 역시 대학교 평생교육원에서 10년간 강의했습니다. 주 1회 2시간 15주 1학기, 2학기로 1년에 두 번 강좌를 개강하였고 그때 받은 1시간 강의료는 3만 5천 원, 10년을 강의했는데 마지막 강의 날까지 그 강의료는 인상된 적이 없었습니다. 강의료가 적지만 계속했던 이유는 이곳을 통해 수익을 올릴 수 있었기 때문입니다.

평생교육원의 장점은 대부분 수강생이 자발적 참여자입니다. 자기계발을 위해 수강하는 사람들이며 다양한 직업군의 사람들을 수강생으로 만나게 됩니다. 강의료에 연연하지 않고 수강생에게 진심으로 도움 되는 강의를 해주면 수강생은 만족하고 고마워합니다. 이후 만족한 수강생들이 마케팅해줍니다. 수강생의 소속 단체 및 직장에서 강사가 필요할 때 추천합니다. 섭외로 이루어지면 그때는 1회 강의료가 평생교육원에서 받는 1시간 강의료와는 비교할 수 없는 차원의 강의료로 수익을 얻게 됩니다.

내 강의를 들은 이들에게 추천받지 못해 추가 강의 기회를 얻지 못했다면 강의료가 적다고 투덜거릴 때가 아닙니다. 오히려 추천하기에 뭔가 부족하거나 시대에 뒤떨어지는 강의라는 불편한 진실을 깨달아야 합니다. 지금 받는 강의료가 브랜드값이라는 불편한 진실도 깨닫고 공부합니다. 학력을 쌓는 공부가 아닌 강의에 필요한 실용공부를 당장 시작합니다.

실용공부 안 하면 인생 자체가 망한다

트랜드를 무시하고 사람들의 욕구 또한 이해하지 못하면 자신의 비즈니스에 어려움이 발생합니다. 퍼스널 브랜딩에 성공한 사람들은 지금도 시대 흐름을 주시하고 그것에 맞는 공부를 하고 배우며 자신을 업그레이드 중입니다. 이젠 그만하고 쉬어도 될 텐데 싶지만, 그들은 여전히 공부하고 배웁니다. 그래서 브랜드가 유지됩니다. 성공하고 싶다면 강의료 따지기 전에 냉정하게 자신의 콘텐츠 상품의 질, 강의 기술부터 업그레이드합니다.

과거 지방에는 유명하고 성공한 강사가 없었고 서울에 집중되어 있었습니다. 창원에서 무궁화 기차로 출발, 밀양에서 KTX를 갈아타고 서울로 이동하여 공부하며 배웠습니다. 그러나 지금은 당신이 서울이 아닌 지방 어디에 있다고 해도 공부할 수 있고 배울 수 있습니다. 과거에 없던 온라인을 통해 배울 방법들이 널렸습니다. 모르면 배우세요. 무턱대고 자기 멋대로 하지 말고 배우세요. 시간을 낭비하지 마세요. 당신보다 앞서 해낸 사람들에게 배우세요. 혼자서 맨땅에 헤딩하면 시행착오를 겪게 되고 시간을 비롯한 여러 자원이 낭비됩니다. 한 걸음 앞선 성공자에게 배우는 것도 전략입니다. 자신이 잘한다는 착각에서 벗어나야 진짜 잘하게 됩니다.

브랜딩에 성공한 사람은 늘 책을 가까이에 두고 읽고 공부합니다. 책을 사는 것에 인색하지 않습니다. 책을 통해 얻는 지식과 정보, 동기 부여가 성공 밑거름이 되기 때문입니다. 실패하는 사람은 책 한 권 사는 것도 아까워하지만 뒷날 후회와 두통, 속쓰림만 남는 하루 저녁 음주가무에 쓰는 돈은 아까워하지 않습니다. 이것이 성공하는 사람과 실패하는 사람의 차이입니다. 공부하지 않고 배우지 않으면 어리석은 판단을 연이어 하며 자꾸 실패하는 삶으로 가게 됩니다.

공부하기 싫다는 것은 성장과 발전을 거부하는 것이고, 일하기 싫다는 것은 돈을 벌기 싫다는 것이며, 게으름은 자신의 인생을 망치는 것입니다. 잘살고 싶다면 우리는 평생 공부하고 배워야 합니다. 배움의 나이는 중요하지 않습니다. 필요하다면 몇 살이 되어도 배우고 공부해야 합니다. 그래야 살아남습니다.

　나는 특별하다는 생각이 때로는 위험할 때가 있습니다. 결점을 지닌 존재라는 것을 인정할 때 진짜 특별한 사람으로 거듭날 수 있습니다. 사람들은 부족함 있는 자신에게 스스로 연민을 가져서 달래고, 상처를 안아주는 것에만 집중하며 변화 및 성장하려고는 하지 않습니다. 하지만 지금의 결과를 바꾸고 싶다면 달라져야 합니다. 아인슈타인 박사가 정의한 정신병자는 어제와 똑같은 일을 오늘도 반복하면서 내일은 다른 결과가 나오기를 기대하는 사람이라 합니다. 매일 달래주길 바랐고 위로받으려고만 했다면 오늘로 끝, 내일부터는 태도를 바꿉니다.

임수희의 1등 브랜드 팁!

아무 공부도 하고 있지 않다면 당신은 그게 문제다. 지금 바로 공부하라.
성공하고 싶은 만큼 파고들어라.

07

선한 영향력을
전파하라

중추적 역할이 되면 그만큼 가치가 올라간다

퍼스널 브랜드는 타인에게 영향력이 발휘될수록 더욱 단단해지고 가치가 높아집니다. 브랜드의 영향력을 높이려면 많은 사람에게 인정받고 선택되어야 합니다. 사람들에게 필요한 사람이 될 수 있도록 자신을 작업하는 것이 브랜딩입니다. 힘든 상황, 포기하고픈 순간 중추적 역할자가 되어 도움을 주고 필요한 내용, 방법을 제시하며 삶의 기둥 역할을 해주는 사람, 청중에게 중추적 역할을 하는 강사야말로 진정한 브랜드를 완성한 강사입니다.

'가장 중요한 부분이나 자리가 되는 것'이라는 뜻의 중추적이라는 단어가 있습니다. '중추적 역할자'란 중요한 역할을 하는 사람이라고 생각하면 이해가 편합니다. 우리는 살면서 자신의 삶에 중요한 역할을 담당하는 사람을 여러 명 만납니다. 태어나자마자 만나게 되는 중추적 역할자는 부모님입니다. 성장하여 청소년기가 되면서 선생님을 만나게 됩니다. 성인이 되면 배우자를 만나게 되고 자녀를 낳고 키우면서 때로는 자녀가 자신의 중추적 역할자가 되기도 합니다. 삶을 살아가며 닮고 싶거나 따라 하고픈 롤 모델을 만나기도 합니다. 우리는 이를 멘토라 부릅니다.

멘토란 경험과 지식을 바탕으로 다른 사람을 지도하고 조언해주는 사람을 뜻하는데, 멘토가 바로 중추적 역할자입니다. 부모는 자녀에게 중추적 역할자가 되지만, 자신의 강의를 듣는 사람에게 강사는 중추적 역할자가 될 수 있습니다. 단순 강의만 하는 평범한 존재가 아니라는 것입니다.

누군가의 삶에 긍정적 영향을 제공하고 삶의 질을 좋아질 수 있게 한다면 참 멋지고도 대단한 일을 하는 것입니다. 의미 있는 삶을 살고 싶다면 자기 안의 강점과 능력 그리고 재능을 다른 사람들을 위해 잘 사용하면 됩니다. 그럼 당신은 인정받고 가치가 더욱 빛나고 상승하게 됩니다.

말을 함부로 하거나 무성의한 태도로 말하는 사람은 중추적 역할자가 될 수 없습니다. 중추적 역할을 잘하는 강사들은 사명감으로 강의합니다. 긍정적인 영향력을 제시해주려 늘 고민하고 해결책을 연구하며 청중들과 소통하려 노력하며 선한 영향력을 발휘합니다. 단순한 지식이나 정보보다 힘이 되는 한마디, 따뜻한 말로 큰 힘과 희망을 줍니다. 찾지 못한 삶의 방향성, 길을 함께 찾으며 삶의 용기를 주고 긍정적으로 삶을 살 수 있게 응원해주기도 합니다. 때로는 정확한 지식과 정보 전달은 물론 그들에게 비전을 제시하며 인생의 긍정적인 대본을 제시해줍니다.

강의하며 수익을 얻기 위한 것만 성공 목표를 두고 움직이면 원하는 수익을 얻지 못합니다. 많은 사람에게 당신의 강의가 선택되어야 결제가 이루어지고 그만큼 수익도 발생합니다. 긍정적이고 선한 영향력과 도움을 주는 사람들이 선택되며, 자신의 이익도 중요하지만 도움 주는 것을 더 생각하고 움직이는 것이 브랜딩 전략이며 브랜딩에 성공한 사람들은 이것을 알고 있습니다.

선한 영향력이 발휘되면 인지도나 유명세가 오릅니다. 자비로 광고 투자해서 올리는 유명세와는 차원이 다릅니다. 선한 영향력의 힘이자 결과입니다. 이 영향력은 돈으로 환산되어 물질적으로 풍요롭고 정신적으로 행복한 삶을 사는 사람이 됩니다.

"

의미 있는 삶을 살고 싶다면 자기 안의
강점과 능력 그리고 재능을 다른 사람들을 위해 잘 사용하면 됩니다.
그럼 당신은 인정받고 가치가 더욱 빛나고 상승하게 됩니다.

"

임수희의 1등 브랜드 팁!

기껏 해주고도 상대가 알아주지 않았다면 그것은 상대가 원하는 것이 아닌 당신이 하고 싶은 것을 해서이다. 상대가 필요로 하고 원하는 것으로 다시 제공하라.

대한민국은 퍼스널(개인) 브랜드 시대다.
자신이 브랜드가 되어 선택되고, 이것으로 먹고살아야 한다.
오늘이 브랜딩 시작하기 가장 좋은 날이자 빠른 날이다.

PERSONAL BRANDING

아무것도 하지 않으면 아무 일도 일어나지 않습니다. 강사로 인정받고, 브랜드 가치를 인정받고 싶다면 알리고 드러내야 합니다. 드러나야 선택의 기회가 옵니다. 강사 브랜딩 전략으로 마케팅 방법을 제대로 실천하면 당신은 선택되고 선택된 만큼 수익으로 이어집니다.

1등 강사 코치의 한마디

Part 2

수익을
200% 올려주는
1등의 마케팅
도구들

01

브랜드 가치를 검증받는 기회,
온라인 라이브

온라인에서 생중계하라

거미도 줄을 쳐야 벌레를 잡듯이 무슨 일이든 거기에 필요한 준비와 방법, 도구가 있어야 결과를 얻을 수 있습니다. 아무것도 하지 않고 가만히 있으면 존재감도 콘텐츠도 알려지지 않습니다. 콘텐츠, 즉 경쟁력 있는 상품이 발굴되고, 콘셉트를 잡았다면 이젠 세상에 알려야 합니다. 브랜드를 알리는 활동을 해야 합니다.

브랜딩에 성공한 사람들의 특징은 자신의 콘텐츠(상품)를 강의로 전달하는 것을 브랜딩 전략 요소로 꾸준히 해왔다는 것입니다. 퍼스널 브랜딩 전략에는 이렇게 강의가 포함됩니다. 콘텐츠를 강의하며 널리널리 알리는 방법입니다.

요즘은 온라인 및 여러 채널에 유료 및 무료 라이브 강의 광고가 많이 등장합니다. 온라인 라이브 강의는 진입하기 쉽고 빠른 수익화에도 도움이 되고 있습니다. 라이브 강의는 퍼스널 브랜드 완성에도 빠른 도움을 줍니다. 자신의 경쟁력 상품을 강의로 전하고 평가받을 좋은 기회이며 브랜드 가치를 검증받는 기회가 라이브 강의기도 합니다.

단계별로 실행하라

라이브 강의는 개설하고 사람들을 바로 모집할 수 있습니다. 수강생이 마감되면 다행이고 인원 미달이면 업그레이드해서 다시 개강할 수 있는 장점이 있습니다. 라이브 강의 개강은 처음엔 소규모 소수 인원으로 시작하는 것을 추천합니다. 처음부터 욕심 부리면 실패합니다. 제대로 성공하기 위해 차근차근 다지며 한 단계씩 올라갑니다. 처음부터 수백 명을 대상으로 강의하려면 부담감과 함께 자신감을 잃어 시작도 못 할 수 있습니다. 소수 인원으로 경험과 기술을 쌓은 후 인원수를 넓혀 강의합니다. 1회 특강으로 2시간 내외로 강의할 수 있다면 바로 강의를 개설해봅니다. 무료 강의는 사람들이 기대 없이 듣다가 만족도를 더 높일 수 있는 전략이니 무료 강좌도 진행해봅니다. 아니면 저렴한 수강료로 시작합니다.

반복적으로 진행하면 강의 실력도 쌓이고, 후기도 쌓여 수강료를 올려도 사람들이 더 선택합니다. 강의를 잘해서 강의 만족도가 높고 후기가 소문나거나 경력이 노출되면 기업에서도 의뢰가 옵니다. 기업을 통해 받게 되는 강의료 수익은 라이브와는 급이 다릅니다.

라이브 강의로 경험과 실력이 쌓이면 이후 인터넷 강의(VOD 강의)도 제작하세요. 제작 방법은 뒤에서 다시 알려드리겠습니다. 오프라인 강의는 장소 섭외, 대여료 등 신경 쓸 게 많고 변수가 많지만, 온라인 라이브 강의는 전국에서 강의를 수강할 수 있는 장점과 장소 섭외에 대해 번거로움이 없습니다. 줌(zoom)은 라이브 강의로 가장 대중적이며 많이 사용하는 온라인 강의 도구입니다. 줌 외에도 다양한 플랫폼을 활용하여 라이브 강의를 개설할 수 있으니 적극적으로 활용하여 영역을 넓히는 작업을 시작합니다.

온라인 라이브 강의를 시작으로 콘텐츠를 공개하고 존재감을 드러냅니다. 수익 창출을 경험하며 서서히 더 기회를 만나며 확장합니다.

임수희의 1등 브랜드 팁!

휴대전화나 줌을 활용하여 혼자 녹화해서 먼저 자신에게 검증받는다.

02

능력을 드러내는
마케팅

본질을 드러내라

아무리 좋은 콘텐츠를 가지고 있어도 드러내지 않고 전달하지 못하면 빛을 발할 수 없습니다. 좋은 상품을 최대한 드러내고 공개해야 그만큼 선택 확률도 높아집니다. 간혹 마케팅만 잘하는 사람들이 있는데, 브랜딩에 성공하고 싶다면 자신의 콘텐츠 전달을 잘해야 합니다. 실속이 없으면 강의 인기가 떨어집니다. 강사의 본질은 좋은 내용으로 강의를 잘하는 것이며 퍼스널 브랜딩 전략 또한 자신의 콘텐츠를 잘 전달하는 것입니다. 좋은 콘텐츠에 강의 기술을 갖추고 마케팅 도구를 활용해 브랜딩하면 기회들이 자꾸 생겨납니다. 마케팅만 번질나게 잘해서 선택되었지만, 속 빈 강정의 결과를 수강생이 경험하면 두 번의 선택은 없으며 비추천 마케팅이 이루어져 실패합니다.

강의로 콘텐츠 전달을 잘하면 그 강의를 들은 청중과 담당자들이 구전(바이럴) 마케팅을 해줍니다. 사람은 자기 욕먹을 짓은 하지 않습니다. 경험해보고 좋으면 추천하고 별로이면 추천하지 않습니다. 마찬가지, 강의(상품)가 좋았다면 추천합니다. 검증된 강의이기에 추천받은 사람들은 대부분 믿고 당신을 섭외합니다. 추천 바이럴 마케팅은 브랜드 가치를 인정받은 선택된 자들만 누리는 특혜입니다. 또한, SNS에 드러난 강의 소감, 후기가 홍보 효과를 톡톡히 해줍니다. 청중이 감동 후기를 SNS에 남기면 당신의 상품, 방법 등 콘텐츠가 궁금했던 이들에게 강의를 선택하는 요소가 됩니다.

이렇게 강의를 잘하면, 강의를 통해 상품 콘텐츠를 잘 표현하고 드러내면, 마케팅에 시간 및 자본을 투자하지 않아도 강의를 들었던 청중들이 알아서 마케팅을 잘 해줍니다. 추천 바이럴 마케팅과 SNS 후기 마케팅은 결국 강의를 잘해서 따라오는 결과들입니다. 광고 마케팅에 투자할 돈과 시간을 먼저 강의력을 키우는 데 투자하세요. 맛집은 맛있는 음식을 잘 만들어 드러내는 것, 강사는 콘텐츠를 잘 전달하는 것이 각각의 본질입니다.

능력을 글로 전파하라

콘텐츠를 말로만 전달하기보다는 글로 써서 드러낸다면 선택의 폭이 넓어지고, 개인적으로 자신의 콘텐츠가 기록물로도 남겨져 의미도 있습니다. 요즘은 업무 협업, 마케팅 효과, 각자의 전문성이나 비즈니스 영역을 더 넓히기 위해서도 책을 많이 씁니다. 당신의 콘텐츠는 물론 브랜드를 드러내고 비즈니스 영역을 확장해주는 요소입니다. 당신의 강의를 듣지 못한 사람에게 글로 메시지가 전해질 수 있습니다. 그런데 쓰기가 쉽지 않다고 합니다. 특히 책 쓰기가 하루 만에 완성되는 작업이 아니어서 쉽지가 않다고들 합니다. 그래서 꼭 책을 출간하기 바랍니다. 쉽지 않은 것을 해낼 때 더 빛나고 특별해집니다. 당신이 꼭 책을 완성하게 하는 방법, 책으로 브랜딩 하는 방법을 지금부터 알려드릴게요.

책을 모두 정독할 필요는 없습니다. 실제 책을 읽는 사람들이 모두 정독하지는 않습니다. 필요한 부분만 찾아서 읽는 사람도 있고, 책에서 단한 줄의 메시지라도 독자에게 도움이 되고 영감을 주는 글로 읽혔다면 그 책은 책으로써 역할을 충분히 한 것입니다. 따라서 처음부터 끝까지 완벽하고 좋은 내용을 꽉 채운 글을 써야 한다는 부담감에서 벗어납니다. 베스트셀러라는 목표보다는, 당신의 책을 선택한 사람에게 도움이 되는 메시지를 쓰는 것을 목표로 정합니다.

책이 두껍지 않아도 됩니다. 저 역시 두꺼운 책은 부담감에 잘 선택하지 않습니다. 가볍고 쉽게 읽혀야 선택됩니다. 많은 내용을 작성해야 한다는 부담감에서도 벗어납니다. 책을 읽다가 마음에 들어 줄을 그을 수 있는 한 줄, 도움 되는 한 줄의 임팩트 있는 메시지만 쓰여 있어도 당신의 책은 좋은 책이며 당신은 작가로서도 인정받고 특별해집니다. 꼭 책이 이래야 한다는 고정 관념에서 벗어나세요, 퍼스널입니다. 개인의 특성을 담은 나다운 책을 만듭니다. 이 정도면 책을 쓸 수 있겠다는 자신감이 생기죠!

계속해서 꾸준히 글쓰기를 기록하면 감각이 발달되어 추후 더 좋은 내용을 담은 책을 또 완성할 수 있습니다. 블로그나 자신만의 디지털 노트에 매일 하나씩 포스팅하면 좋은 습관이자 훈련이 됩니다. 매일 소주제 내용 한 개씩 정리하기를 목표로 글쓰기를 실천합니다. 그리고 수십 번을 쓰고 수정하고를 반복합니다. 내가 하고 싶은 말을 쓰지 말고 읽는 사람이 필요로 하는 내용을 쓰세요. 즉 누군가에게 도움 되는 내용을 글로 쓴다는 생각으로 써 내려갑니다. 앞에 한 사람 두고 실제 대화하는 버전으로 작성하면 쓰기가 수월합니다. 저 역시 지금 당신이 앞에 있으며 코칭한다는 생각으로 원고를 작성하고 있습니다.

작성된 글을 세상에 드러내기 위해 출간합니다. 출간 방법은 여러 가지가 있지만, 처음이라면 자비(자가)출판을 추천합니다. 자신이 돈을 지급하고 출판하는 방법인데, 비용 없이 책을 출간하고 싶은 사람도 있겠지만 출판사도 많이 팔리고 돈 되는 글을 찾거나, 인지도 있는 유명인의 글을 선호하기에 빠르게 출간하고 싶다면 자비출판을 추천합니다. 작성한 글을 여러 출판사에 투고하여 출판사가 선호하는 콘셉트와 잘 맞으면 기획출판으로 진행될 수도 있으니 시간적인 여유를 두고 출간하고자 한다면 수백 군데의 출판사를 조사하여 원고를 투고합니다. 계약이 성사되면 다행이지만 솔직히 처음엔 기획출판은 확률이 낮습니다. 기획출판의

단점은 출판사가 생각하는 콘셉트로 내용을 수정하고를 반복하다 보면 지쳐 자신이 쓰고자 하는 방향성을 잃어버리고 멈추게 되는 경우가 가끔 발생합니다. 오히려 자비출판이 빠르고 현명할 수 있으니 자신에게 맞는 방법으로 선택해서 출간을 진행합니다.

강의도 처음부터 잘하는 사람은 없듯이 수없이 반복하고 거듭하면 책 쓰기 실력도 쌓입니다. 모든 것에는 시간과 노력이 필요하니 지금부터 시작하세요. 오늘이 브랜드를 만드는 가장 좋은 날이며 가장 빠른 날입니다. 포기하지 않으면 브랜드는 만들어지고 세상에 드러납니다. 세상에 드러난 당신의 책을 들고 인생샷 찍는 자신과 사람들을 상상합니다. 글쓰기 능력까지 갖춘 자신을 칭찬하는 상상을 하세요.

콘텐츠, 아이디어, 기술, 그리고 감동 메시지를 글로 세상에 드러내세요. 당신은 아주 특별한 존재가 됩니다.

"

꼭 책을 출간하시기 바랍니다.
쉽지 않은 것을 해낼 때 더 빛나고 특별해집니다.

"

임수희의 1등 브랜드 팁!

본질이 약하면 그 어떤 마케팅 도구도 소용없다. 본질이 충만해지면 마케팅도 다양해진다. 본질 즉 실력, 능력을 키우는 것에 집중하라.

03

SNS 채널을 십분
활용하라

능력을 발휘하며 인정받는 사람이 있는가 하면 그렇지 못한 사람도 있습니다. 둘의 차이점은 무엇일까요? 자신이 가진 능력을 얼마나 잘 드러 냈느냐 못했느냐 차이입니다. 브랜딩은 당당하게 드러내며 좋은 평판을 받기 위한 작업입니다.

사람들은 필요로 하는 정보를 얻기 위해서 검색합니다. 오프라인과 온라인에서 필요한 정보(콘텐츠)를 찾거나 강사를 찾습니다. 오프라인은 광고나 주위 지인들의 소개, 추천해주는 정보를 바탕으로 이루어지지만,

대부분은 직접 온라인을 통해 검색해서 찾습니다. 따라서 온라인에 자신의 콘텐츠, 후기, 강사 정보 등이 노출되어야 합니다.

스마트폰을 사용하지 않는 사람이 거의 없습니다. 출근하는 사람들은 오프라인의 광고에 집중하지 않고 스마트폰으로 SNS에 접속합니다. 책을 읽는 당신과 저 역시 정보를 찾고자 할 때 네이버, 인스타그램, 유튜브를 통해 검색을 자주 합니다. 그런데 이 채널 속에 존재하지 않으면 선택될 기회가 아예 주어지지 않습니다. 이제는 SNS 홍보 마케팅 시대로 변화되었기에 그 흐름에 맞게 SNS 채널 속에 존재해야 합니다. 대표적인 SNS 채널 '인블유(인스타그램, 블로그, 유튜브)' 이 3가지가 브랜딩 필수 요소가 되었습니다.

잠재 고객을 잡는 인스타그램

인스타그램은 블로그와 같은 검색 기반 마케팅이 가능하며 시각 위주로 요즘 화젯거리인 SNS 채널로 주목받고 있습니다. 또한, 1인 기업 및 1인 창업 시대에 맞게 인스타그램에서 퍼스널 브랜딩이 잘되어 있는 사람들이 주목받고 있습니다. 잠재 고객이 많이 몰리는 곳이며, 20~30대 연령층이 가장 많이 이용하고 있습니다. 주로 이미지로 검색물을 찾기에 브랜드 인지도를 높이기 위해 사진과 글로 표현하되 자신이 하는 일에 대해서 사진과 함께 관련된 내용이나 생각을 글로 표현하면 좋습니다.

강사로서 브랜드 인지도를 높이고 싶다면 강의와 관련된 이미지를 꾸준하게 올리며 콘텐츠를 비롯한 강의 후기를 글 또는 이미지로 올립니다. 글로 표현해도 좋지만, 해시태그로 강사로서의 마인드, 철학 등을 남기면 잠재 고객에게 당신을 각인시키는 브랜딩 마케팅이 됩니다. 브랜딩 작업으로 강사만의 해시태그를 정하는 것도 전략입니다. 자신의 콘텐츠를 설명하는 단어나 사람들에게 기억되길 원하는 단어를 만들어 꾸준히 올리면 당신을 기억시키는 단서가 됩니다.

최근에는 릴스가 대단한 인기로 주목되고 있습니다. 릴스를 통해 강의 영상을 올리면 노출 가능성이 커집니다. 또한, 인스타그램에서도 라이브가 가능합니다. 라이브를 통해 콘텐츠를 공개, 판매가 가능하고 라이브를 통해 꾸준히 잠재 고객도 늘릴 수 있습니다. 알리고 싶은 것은 글보다는 사진, 사진보다는 영상이 효과가 크니 릴스와 라이브를 자주 활용합니다.

상위 노출 전략, 네이버 블로그

네이버 블로그는 검색 기반 및 목적성이 있는 키워드로 마케팅을 합니다. 블로그는 가장 많이 이용되고 있는 채널로 검색 키워드와 관련한 자세한 내용 작성과 사진을 함께 올릴 수 있어 좋습니다. 강사들이 가장 많이 사용하는 홍보 채널이며 섭외 담당자들도 블로그 글을 많이 선택합니다. 따라서 블로그 관리만 잘해도 상위 노출이 되어 많은 사람의 눈에 띄고 선택되게 됩니다.

블로그는 일회성 작성으로는 노출되지 않습니다. 블로그도 꾸준함이 생명이기에 하루에 몰아서 포스팅 하기보다는 매일 1건씩 또는 못해도 일주일에 3~4건 꾸준하게 작성합니다. 이때 이미지(사진) 파일 5개 이상, 글자 수를 500~700자 이상 작성합니다. 홍보성 글은 네이버 시스템에서 저품질로 분리되어 노출되지 않기에 포스팅 할 때 많은 사람에게 도움이 되는 정보성 내용 위주로 포스팅 하는 것이 블로그 관리 요령입니다. 강사 블로그에 매일 강의 실적 글을 포스팅하지만 노출되지 않는다면 강사 광고성 글이기 때문입니다. 네이버는 정보 검색으로 선택되기를 원하니 포스팅 작성 시 작성 방법을 숙지하고 지금부터 꾸준히 작업

합니다.

수익 조건을 갖추지 않고도 수익을 얻는 유튜브

강사 브랜딩에는 빠질 수 없는 약방에 감초 같은 존재입니다. 유튜브는 단기간에 우리나라를 정복한 뉴미디어로 전 연령에서 사용하는 동영상 플랫폼입니다. 블로그는 정독해서 읽어야 하는 단점이 있지만, 동영상은 영상과 자막으로 함께 듣고 볼 수 있는 장점이 있습니다. 유튜브 영상으로 강사를 검증시키는 기회로 활용 가능합니다. 남의 콘텐츠로 흉내 내기 강의를 하거나, 강의를 못하는 강사라면 감히 접근할 수 없는 마케팅이기도 합니다. 현재 퍼스널 브랜드에 성공한 사람들은 유튜브 개인 채널이 있습니다. 유튜브에서 많은 사람에게 검색되고 선택되어 수익을 창출하며 퍼스널 브랜드로 성공한 사람들이 많습니다.

유튜브를 통해서 간접적인 수익 창출도 가능합니다. 수익 조건인 시청 시간과 구독자를 채우지 못해도 영상을 올려두면 그것을 보고 필요로 하는 사람들이 컨설팅, 상담, 강의 섭외를 합니다. 이 또한 마케팅 수단이 되어 수익을 얻게 됩니다. 쇼츠(shorts)도 좋습니다. 필요로 하고 검색하는 사람들에게만 노출되고 선택될 수 있도록 채널을 만들어 콘텐츠를 영상으로 공개하세요.

SNS 채널을 통한 브랜딩은 꾸준함과 일관성이 전략입니다. 꾸준함은 앞에서도 다루었는데 역시 꾸준함이 브랜딩의 큰 전략 요소라는 것을 다시 한 번 느끼고 알게 되었을 거로 생각합니다. 일관성이 없으면 전문가 느낌이 들지 않고 기억되지 않습니다. 강의가 콘셉트인지, 육아가 콘셉트인지, 먹고 여행하는 것이 콘셉트인지 알 수 없는 채널은 기억되지 않습니다. 중독성 있는 일관성으로 관리하면 기억에 남길 수 있습니다.

무엇이든 실행이 어렵습니다. 세상에서 가장 힘이 센 사람은 자신을 일으키는 사람입니다. 엄청난 정보와 비밀을 알려줘도 사람들은 정말 실천하지 않습니다. 브랜딩 방법, 전략, 비밀, 수익 창출하는 방법을 알려줘도 실행하지 않으면 결과도 없습니다. 이것은 브랜딩에 성공한 사람과 그렇지 못한 사람의 차이이기도 합니다. 세상에서 가장 힘이 센 사람이 되세요.

"

현재 퍼스널 브랜딩에 성공한 사람들은
유튜브 개인 채널이 있습니다.

"

임수희의 1등 브랜드 팁!

멍청하게 남 구경하는 SNS 소비 시간은 끝! 이제는 당신과 당신의 콘텐츠를 선택하게 하는 영리한 작업에 시간을 투자하라.

04

단박에 기억되는 타이틀과
키워드

당신을 떠올리는 한 줄을 만들어라

당신을 기억할 수 있는, 당신의 콘텐츠를 기억할 수 있는 타이틀로 마케팅합니다. 명함에 찍는 기본적인 타이틀, 예를 들면 강사, 대표, 작가 등의 직함이 아닌 당신을 표현하거나 드러낼 수 있는 타이틀을 만듭니다. 자신을 따라다니는 수식어가 됩니다. 예명을 만드는 것도 전략입니다. 가능하면 남들이 사용하지 않는 것으로 하는 것이 좋습니다. 타인의 관심을 끌어내고 기억에 남게 하여 당신의 브랜드를 떠오르게 하기 위함입니다.

쉽게 저를 예로 든다면 직함으로는 강사이고 대표입니다. 크게 끌림이 없죠. 그리고 흔합니다. 대표도 많고 강사도 많으니까요. '강사 브랜딩 전략가' 타이틀을 본다면 어떨까요? 콘텐츠 방향성을 더 확실하게 알게 되는 느낌이 듭니다. 타이틀을 제시하면 브랜드의 차별성과 방향성 전달 및 경쟁력 있는 이미지로 각인됩니다. 사람들에게 함축적이면서 능숙하게 당신을 알리는 마케팅 도구가 됩니다.

차별화된 키워드가 특별함을 더해준다

콘텐츠를 대표하는 키워드를 만듭니다. 강의 스킬에 대해 강의하는 강사도 많습니다. 강의 스킬을 검색하면 많은 자료와 강사들이 노출됩니다. 따라서 차별화된 키워드로 노출하여 기억시킵니다.

제 콘텐츠를 대표하는 키워드는 '참여교수법'입니다. '참여교수법'을 바탕으로 강의 스킬은 물론 강사 브랜딩 강의, 코칭, 지금 책도 쓰고 있습니다. 참여교수법은 특허청에 상표등록까지 완료된 저의 고유 상표권이기도 합니다. '참여교수법'을 검색하면 임수희, '임수희' 하면 참여교수법이 수식어처럼 따라다닙니다. 참여교수법 키워드가 제 브랜드 키워드 또는 타이틀 마케팅 도구가 되었습니다. 이렇게 당신을 따라다니거나 대표할 수 있는 타이틀을 만들어 사람들에게 기억되게 알리고 노출하기를 이어갑니다. 당신의 콘텐츠가 더 특별해 보이고 브랜드 아이덴티티가 됩니다.

임수희의 1등 브랜드 팁!

남 시선, 눈치따위 보지 말고 자신 있게 당신을 증명하는 한마디를 만들어라.

05

보이는 것이 전부다:
이미지 마케팅

이미지 마케팅은 원하는 목표를 이루기 위해 자신을 어떤 모습으로 나타낼 것인가를 미리 정하고 정해놓은 모습이 잘 보일 수 있도록 관리하는 모든 과정을 뜻합니다. 사람은 누구나 셀프 이미지 마케팅을 잘해야 합니다. 이미지는 행동을 일으키는 잠재성을 가지고 있어 상대방의 태도나, 가치관 등을 판단하는 것에 영향을 미치기 때문입니다. 이것은 대인 관계에서는 물론 비즈니스에서 이득을 얻게 됩니다. 퍼스널 브랜드에도 마찬가지입니다.

인생이 좋아지는 인상을 만들어라

사람의 외모보다 더 중요한 것, 인상입니다. 퍼스널 브랜드가 성공한 사람의 인상, 잘나가는 강사의 인상은 사람들에게 영향력 발휘 요소가 됩니다. 사람들은 좋지 않은 인상을 준 사람보다 밝은 표정과 좋은 인상을 준 사람과 관계를 이어가고 싶어 합니다. 그것이 전염되기 때문입니다. 실제 독일 튀빙겐대 빌트 교수팀은 인간의 감정은 상대방으로부터 즉각적이고 자동적인 반응을 끌어내며 유발된 감정 크기는 원래 감정 크기에 비례한다고 전했습니다. 가장 강력하게 전염되는 것이 행복과 슬픔이며 웃음, 하품, 미소, 스트레스도 전염된다고 했습니다.

사람을 만날 때 얼굴을 쳐다보지 않는 사람은 거의 없습니다. 다시 말하면 사람을 만나면 우리는 얼굴부터 보게 됩니다. 얼굴은 한 개인을 구별·판단하는 기초적인 단서가 되며 관계 교류의 중심 창구입니다. 선천적인 요소와 후천적인 요소의 상호작용을 통해 형성된 것이 얼굴로 표현됩니다. 얼굴은 단순히 외적인 생김새만이 아니라 삶의 태도가 녹아 있는 부분으로 인상은 표정을 통해 형성되고, 표정은 개인의 감정과 욕구, 의지 등에 영향을 받아 만들어집니다. 개인의 감정이 부정적인 상태라면 그것은 표정으로 나타나고 인상이 됩니다. 긍정적인 마음, 감정을 유지하면 표정에서 느낄 수 있고 인상으로 자리 잡게 됩니다.

자신감 있는 얼굴, 밝은 미소의 얼굴을 보면 우리는 인상이 좋아 보여 가까이 지내고 싶은 호감과 신뢰감 등을 갖게 됩니다. 따라서 퍼스널 브랜드가 자리 잡고 선택되려면 인상 관리는 필수입니다. 자신의 삶을 대하는 마음 태도가 인상으로 드러나기에 밝고 긍정적인 삶의 태도를 가지면 그것은 얼굴에서 드러나게 되고 그것을 보고 느낀 사람들은 동경하고 닮으려합니다. 상대에게 도움을 주고 좋은 영향력을 발휘하는 인상을 주니 선택될 수밖에 없습니다.

좋은 인상을 준 사람들은 긍정적입니다. 좋은 인상을 주고 싶다면 긍정적인 사고가 필요합니다. 사람은 긴장하면 말이 없어지고 표정도 굳어집니다. 굳은 표정은 좋은 이미지, 편안한 이미지로 전달되지 못합니다. 강의나 스피치 할 때 긴장된 굳은 표정이나, 자신감 없는 표정을 보면 기대감이 떨어집니다. 오히려 긴장되는 상황일지라도 당차게 잘 이끌어가려는 눈빛과 표정에서 강렬한 인상을 받게 됩니다.

얼굴이라는 도화지에 희로애락의 다양한 감정을 당신은 표정으로 그려낼 수 있습니다. 부모에게 물려받은 얼굴에 그림은 당신이 직접 그립니다. 어떤 그림을 그리느냐에 따라 성공하거나 실패할 수 있으며 자신의 인생 수익률을 좌우할 수 있습니다. 역경에 찌든 인상이 아닌 역경을 이겨낸 인상, '못 할 거예요.', '힘들어요.'의 인상이 아닌 '충분히 할 수 있어요.'의 인상을 남기세요. 그것에 사람들은 끌리고 영향력으로 발휘됩니다. 콘텐츠를 전하는 당신이 즐거우면 좋은 인상으로 남습니다. 당신이 긴장하고 재미없어하면 그 또한 인상으로 남습니다. 얼굴 생김새가 아닌 인상이 마케팅 수단이며, 잘 만들어진 얼굴 마케팅은 브랜드 가치를 높여줍니다.

"당신의 얼굴이 브랜드 얼굴이다."

1등의 퍼스널 브랜딩

백 마디 말보다 더 강력한 비언어에 집중하라

공자 말씀에 들은 것은 잊어버리고 본 것은 기억한다는 메시지가 있습니다. 사람은 자신이 보아야 믿습니다. "말만 하지 말고 보여줘~!", "진짜 봤어?" 등의 질문을 하며 본 것을 기준으로 인정하려 합니다. 사람의 감정이나 생각은 몸짓으로 드러납니다. 내면의 심리 상태가 외면의 표정, 몸짓, 행동에서 드러납니다. 따라서 상대방의 표정, 행동, 몸짓을 보고 우리는 인성을 평가하기도 합니다.

스피치를 할 때 삶의 습관이 반영되어 나옵니다. 따라서 스피치를 많이 하는 사람은 잘못되었거나 오해받을 수 있는 표정, 몸짓, 행동, 말투 등을 고쳐야 합니다. 자신의 몸짓이나 말투가 어떠한지 잘 모른 채 스피치 하는 사람들이 많은데, 그것을 확인하는 방법이 있습니다. 스피치 하는 자신을 영상으로 촬영합니다. 그리고 영상을 봅니다. 문제점을 바로 찾아낼 수 있습니다. 민망하고 부끄러운 감정을 느낄 수도 있습니다. 무엇이 문제인지 아주 잘 드러나 있으며 누구보다 냉정하게 피드백 가능한 사람이 바로 자신입니다. 영상을 통해 잘못된 몸짓, 태도 등을 인지하고 바로잡는 연습을 의식해서 하면 스피치에서 나오는 나쁜 습관을 고칠 수 있습니다.

마이크를 차고 강의를 하면서 수업 중에 호주머니에 손을 넣고 말하는 강사들을 의외로 많이 만납니다. 팔짱을 낀 채, 교탁에 몸을 기댄 채, 한쪽 다리에 힘을 싣고 짝다리 자세로 강의하는 강사도 많습니다. 힘없고 성의 없는 몸짓으로 강의하는 강사도 있습니다. 전혀 움직이지 않고 발에 접착제가 붙은 듯 고정된 위치에서 고정된 자세로 강의하는 강사도 있는데 이런 경우 청중의 시선 이동이 없어 금방 지겨워지거나 졸릴 수 있습니다. 제멋대로 왔다 갔다 하거나 쉴 새 없이 스텝을 밟는 움직임도 강의 집중에 방해가 되는 행동들입니다.

사람은 보고 싶은 대로 봅니다. 좋은 것을 보고 싶어도 눈에 거슬리는 것이 있으면 그곳으로 시선이 갈 수밖에 없습니다. 강사의 움직임과 몸짓이 눈에 거슬리면 당연히 강의 집중에 방해가 됩니다. 예의 없는 자세, 몸짓은 그 사람의 인성 판단 요소로 연결되어 실망감을 줄 수 있고, 내용은 물론 강의도 불신하게 됩니다.

인사하거나 말할 때 양팔이 아래로 처진 상태에서 중심부 위치에 두

손을 모으는 자세는 자신감이 없어 보이고 긴장한 느낌을 전달합니다. 두 손을 등 뒤에 두고 열중쉬어 자세처럼 말해도 소극적인 자세로 느껴집니다. 이럴 때는 손의 위치를 배꼽 아래로는 내려가지 않는 위치에 두고 쭉 번은 팔 모양보다는 팔의 각도를 만들면 적극적이고 자신감 있어 보입니다.

세계적으로 유명한 TED Talk 강의 중 동일 주제로 강의한 것 중에서 조회 수가 높은 강의와 낮은 강의를 비교 분석한 결과, 조회 수가 높은 강의는 평균 465번의 몸짓이 사용되었고 조회 수가 낮은 강의는 평균 272번의 몸짓이 사용되었습니다. 몸짓을 잘 쓰지 않는 강사보다 몸짓이 많은 강사의 강의가 반응이 좋다는 뜻입니다.

몸짓은 어떻게 해야 할까요? 강의 무대 동선을 활용해서 전달하고자 하는 내용 흐름과 논리에 맞게 몸짓과 움직임을 표현합니다. 청중이나 사물을 가리킬 때 손가락이 아닌 손바닥으로 안내하고, 팔목을 사용하지 않고 팔 전체를 사용하며 팔을 180도로 쫙 펴지 않고 굽혀 각도를 만듭니다. 중요한 내용을 강의할 때는 집중할 수 있게 움직이지 않고 제자리에서 말합니다. 무대 중심에서 양쪽으로 이동할 때는 어슬렁거리지 않고 자연스러운 발걸음으로 걸어갑니다. 내용을 잘 전달하기 위해 내용에 맞는 손짓을 사용하면 이해시키는 것에 도움을 줍니다.

주먹을 쥔 상태에서 검지를 펼쳐 하늘로 향하게 하는 손짓은 시선 집중 및 카리스마를 전달하는 효과를 줍니다. 주의할 것은 청중에게 향하면 삿대질이 될 수 있으니 검지 손끝이 하늘을 향하게 합니다. 크기나 양을 표현할 때는 양손을 이용하고, 숫자를 표현할 때는 손가락을 이용합니다. 이 모든 몸짓과 움직임은 습관된 것이 순간적으로 드러날 수 있기에 다듬어 예의 있고 성의 있는 몸짓을 훈련합니다.

"옷을 잘 못 입은 사람을 보면 사람들은 그 사람의 옷에 주목하지만, 옷을 잘 입은 사람을 보면 사람들은 그라는 사람을 주목할 것이다." – 디자이너 샤넬

사람이 어떤 직위에 있게 되면 그에 어울리는 모습으로 변하기 마련이라는 뜻의 "자리가 사람을 만든다."라는 말이 있습니다. 그와 비슷하게 어떤 옷을 입느냐에 따라 사람의 태도가 달라지기도 합니다. 퍼스널 브랜드 차별화 전략으로 복장은 자기다움이 드러나되 타인의 시선에 불편

함을 주지 않고 콘텐츠 전달에 방해가 되지 않는 선에서 개성 있는 복장이면 됩니다. 자신만의 특색을 갖춘 복장으로 브랜딩 하는 유명인들을 우리는 봅니다. 나름 자신을 각인시키기 위함입니다. 항상 검은색 티셔츠를 입어 그 티셔츠만 보면 생각나도록 하는 것도 브랜딩 전략 중 하나입니다.

스티브 잡스가 강의할 때 청바지에 티셔츠 차림으로 무대에 오른 적이 있습니다. 사람들은 그것에 거부 반응이 없었습니다. 비즈니스 복장으로는 어울리지 않는데도 말이죠. 그것이 바로 브랜드의 힘입니다. 그의 뒤에는 애플이라는 브랜드 파워가 있기에 그가 입은 복장에 거부감이 없고 청바지를 입어도 브랜드 파워로 그의 말에 신뢰감을 느끼게 됩니다. 힘 있는 브랜드로 끌어올려 복장에서도 개성을 마음껏 펼치며 그것마저 인정받으며 강의하는 브랜드로 완성한다면 더욱 신나겠죠. 보이는 비언어가 브랜드 이미지를 만듭니다.

임수희의 1등 브랜드 팁!

어떻게 보이고 싶은지 콘셉트부터 정한다. 지금까지 평범했으니 어눌하고
평범한 콘셉트를 과감하게 버린다.

06

분명하게 전달하라 :
음성 마케팅

좋은 목소리는 훌륭한 마케팅 도구이다

스피치, 즉 말을 잘해야 합니다. 무엇보다 당신이 특별해지기 위해서, 자신을 위해서 말을 잘해야 합니다. 인간관계에서 당신의 생각을 제대로 전달해야 오해가 없고 콘텐츠를 제대로 설명해야 수익으로 연결될 확률이 높아집니다. 강의도 마찬가지입니다. 그런데 강사 교육 시 스피치에서 좋은 목소리를 갖고 있는데 정작 본인은 좋은 목소리인지 모르는 경우가 있습니다. 코칭을 해보면 목소리 때문에 고민하는 사람이 많은데 자신이 목 관리를 못 해서 소리가 제대로 나오지 않은 경우가 대부분입니다.

목소리는 상대방을 평가하는 중요한 요소 중 하나입니다. 목소리가 좋고 나쁨으로 호감 또는 비호감이 될 수 있습니다. 좋은 목소리로 귀에 쏙쏙 들어오게 말하며 호감을 느끼게 하는 사람이 있는가 하면 목소리 표현 방법을 몰라 듣기 싫은 목소리로 인간관계가 잘 안 되거나 비즈니스에 실패하는 사람도 있으며, 목소리 때문에 강의에 집중을 시키지 못하는 예도 있습니다. 하버드 대학 연구에 따르면 청중의 80% 이상이 강사의 목소리만 듣고도 신체적, 성격적 특징을 규정짓습니다. 목소리에는 건강 상태와 감정, 성별, 나이, 출신 지역 등의 정보가 담기는데 목소리를 통해 그 사람의 매력과 호소력, 사회적 지위까지도 우리는 감 잡을 수 있습니다.

인상에 이어 목소리 또한 살아온 세월만큼 오랜 습관에 의해 형성되어 목소리를 통해 자신에 관한 정보가 노출됩니다. 알리고 싶지 않다고 해서 쉽게 감추어지지 않습니다. 많은 연구에서 목소리가 콘텐츠보다 더 중요하다는 것이 증명되었으며, 상대방을 빠져들게 하는 힘을 가진 것으로 나타났습니다. 목소리를 통해 사회적 지위가 간접적으로 드러나기도 하는데 중저음을 가진 사람은 사회적 지위가 높다는 가설을 바탕으로 한 연구 검증 결과 사회경제적 지위가 높다는 결과 평가가 나왔습니다.

 강의 시 목을 쓰며 중저음이 아닌 고음으로 말하면 에너지 소모가 커져 긴 시간 말하거나 강의할 때 지치게 됩니다. 또한, 고음으로 시작하면 초반에는 집중시키는 효과를 줄 수 있지만 계속되는 고음으로 듣는 사람은 지치게 됩니다. 발표 및 강의할 때 목소리 떨림이 심한 사람들이 있습니다. 대부분 긴장하고 떨려서 나타나는 현상이기도 하지만 발성에 문제가 있는 예도 있습니다. 많은 사람이 자신에게 시선이 집중되어 있고 내용 또한 잊어버리지 않고 전달해야 하는 등의 신경 쓸 것들이 있다 보니 발성에 신경 쓰지 못하고 그냥 말하게 되고 불안정한 목소리가 그대로 전달됩니다. 지금부터는 복식 호흡 발성을 시작으로 안정적인 목소리로 더 많은 사람을 끌어당기며 당신을 특별하게 만드는 브랜딩 음성 마케팅 전략을 시작합니다.

좋은 목소리를 받쳐주는 복식 호흡과 울림

프레젠테이션이나 스피치를 할 때 목소리가 좋지 않은 사람들의 공통적인 특징은 호흡이 짧고 흉식 호흡을 합니다. 호흡은 발성에 필요한 에너지이며 좋은 목소리를 결정짓는 데 중요한 역할을 합니다. 좋은 목소리는 호흡에 있습니다. 호흡에 신경 쓰지 않고 무작정 소리를 내면 목에 힘이 들어가 거친 목소리가 나옵니다. 복식 호흡을 하면 배로 공기량을 조절하기 때문에 목에 힘이 들어가지 않으면서 힘 있으면서도 풍성한 소리를 만들 수 있습니다.

복식 호흡을 해야 하는 이유는 목을 많이 쓰면 목에 무리가 가고, 가슴 호흡을 하면 몸에 힘이 들어가고 안정감 있는 목소리를 내기가 어렵기 때문입니다. 복식 호흡이 잘 안 된다면 누워서 윗몸 일으키기를 몇 차례 실시합니다. 그러면 배가 단단해지면서 힘이 들어가는 게 느껴지고 복식 호흡이 훨씬 수월해집니다. 또는 두 다리를 어깨너비만큼 벌리고 상체를 90도로 숙이고 숨을 쉬며 소리 내는 연습을 합니다.

호흡을 잘못하면 어깨가 올라갑니다. 숨을 들이마시는데 배가 나오지 않았다면 가슴에 숨을 채운 것입니다. 그 상태에서는 좋은 목소리가 나올 수 없습니다. 코로 숨을 서서히 들이마시면서 공기를 배 아래쪽으로 내려보낸다고 생각합니다. 복식 호흡을 통한 말하기는 배에 차 있는 숨을 위로 끌어올리며 말하기입니다. 따라서 들이마신 공기를 내쉴 때는 입으로 천천히 내쉽니다. 입으로 내쉬기를 권하는 이유는 코로 숨을 내쉬면 공기가 많이 빠지면서 비강을 울려 비음 소리가 날 수 있기 때문입니다. 복식 호흡은 공기를 배로 보내어 깊게 쉬는 심호흡으로, 횡격막이 아래로 내려가며 공기가 폐의 아랫부분까지 들어가게 됩니다. 이때 횡격막의 이동으로 배가 앞으로 불룩하게 나오고 숨이 밖으로 나가면 횡격막이 다시 위로 움직이고 배가 들어가게 됩니다.

복식 호흡은 긴장을 완화해주며 정신 집중에도 도움이 됩니다. 강의 전 많이 긴장될 때 여러 차례 복식 호흡을 하면 긴장감을 완화해줍니다. 스피치나 강의 시작 전 대부분 사람은 긴장합니다. 긴장하면 아드레날린과 노르아드레날린이 분비됩니다. 이 호르몬은 집중력과 근력이 향상되어 몸과 마음을 전투적인 자세로 바꾸어 성과를 발휘할 수 있는 상태로 만들어줍니다. 긴장이 무조건 잘못되었거나 나쁜 것만은 아니라는 것입니다. 긴장감, 떨림을 느낀다면 '오늘 잘되겠다! 성공하겠다.'라고 생각합니다. 그러나 너무 긴장되어 심장이 요동치는 것 같고 표정도 굳어진다면 심호흡을 합니다. 실제 긴장 완화를 시키는 근거 있는 의학 방법입니다. 천천히 코로 깊게 숨을 들이마시고 코로 천천히 깊게 내쉽니다. 이 방법을 여러 번 반복하면 마음이 차분해집니다. 잘할 수 있다고 생각하고 마음을 편안하게 가지는 것에 집중합니다. 강사의 여유롭고 환한 표정과 함께 들려주는 안정감 있는 목소리를 그들은 기다리고 기대합니다.

사람의 마음을 끌어당기는 좋은 목소리에는 깊은 울림이 있습니다. 좋은 목소리는 안면의 울림을 잘 활용하느냐 못하느냐에 달려 있습니다. 울림 있는 목소리를 내고 싶다면 공명을 활용해야 합니다. 공명은 소리가 나오면서 주변의 울림을 통해 밖으로 표출되는 것을 말하는데, 좋은 목소리를 가진 사람들에게서 목소리가 부드럽게 울린다는 느낌을 받을 수 있습니다. 공명은 성대의 진동만으로 부족한 소리를 공간의 울림으로 소리를 증폭시키는 것인데 발성할 때 음이 높을수록 머리 부분을 울리는 두성을 많이 사용하고, 음이 낮을수록 가슴을 울리는 흉성을 많이 사용합니다. 입과 코 주변의 울림에 집중하면 두성과 흉성의 비율이 일정해져 이상적인 공명 소리를 찾을 수 있습니다.

복식 호흡을 하고 입 모양을 동그랗게 만들어 입안에서 소리가 진동할 수 있도록 입을 크게 벌려주는 것이 중요합니다. 위아래 치아를 살짝 뗀 상태에서 공기를 머금은 느낌으로 입술을 다물고 편안하게 '음~' 하고 소리를 냅니다. 잘못하면 목으로만 내는 생소리가 날 수 있습니다. 잘 안 될 때는 '흠~'으로 소리 내면 공명 소리가 잘 나옵니다. 공명을 통한 좋은 목소리는 후두의 위치가 중요한데 공명의 효과를 높이기 위해 불편하지 않을 만큼만 후두를 아래로 내려주는 것이 좋습니다. 얼굴에서 울림을 느껴봅니다. 입과 코 주변을 진동시킬 때 가장 편안하고 풍부한 울림이 만들어집니다. 공명은 목으로만 내는 생소리에서는 느낄 수 없는 부드러움과 편안함을 전하는 감동이 있습니다. 이렇게 해서 나오는 편안한 자신만의 음성 톤은 듣는 사람에게 안정감을 줍니다.

귀에 쏙쏙 들어오는 표현법을 구사하라

말할 때 리듬을 더하면 말에 호소력이 생깁니다. 리듬을 넣어 말한다는 것은 리듬 타며 말하는 것입니다. 리듬을 탄다는 것은 일정한 톤의 무미건조한 말이 아닌 심전도 곡선 모양처럼 위아래 리듬 타며 말하는 것입니다. 같은 내용이라도 음악처럼 리듬이 있으면 사람들에게 더 잘 들리게 됩니다. 노래를 부르듯 리듬감을 넣어 말을 하면 듣는 사람은 지루함 없이 들을 수 있습니다. 쇼호스트의 말이 경쾌하고 지루하지 않게 들리는 이유는 바로 리듬감 있게 말하기 때문입니다.

리듬감 있게 말하려면 단어를 위아래로 파도치듯이 표현합니다. 어렵다면 단어를 나누어 음절 하나하나를 분리한 뒤 위아래 곡선을 손으로 그리듯 몸짓을 하면서 말하면 표현하기가 훨씬 쉬워집니다. 첫음절에 악센트를 주면 더욱 리듬감 있게 전달됩니다. 문장에서 중요한 핵심 단어에 악센트를 주고 말하면 리듬감 있게 전달됩니다. 사람들은 편안하고 일상적인 대화에서는 리듬감 있게 잘 말합니다. 그런데 발표나 강의할 때는 긴장감으로 내용 전달만 급급하여 리듬감을 잊어버리고 무미건조한 일정한 톤으로 스피치를 하고 맙니다. 몸이 기억하여 자연스럽게 표현되도록 자주 연습합니다.

생동감이 느껴지는 목소리와 지루한 목소리의 차이, 귀에 꽂히는 목소리와 집중이 잘 되지 않는 목소리의 차이, 이것은 바로 강조법의 차이입니다. 말하고자 하는 문장에서 중요한 핵심 단어를 강조하여 전달력을 강화하는 방법입니다. 강조법은 무조건 세고 크게 표현하는 것만이 강조는 아닙니다.

큰 나무와 작은 나무

첫째, 고저 악센트 방법이 있습니다. 강조 훈련을 하다 보면 자신은 힘을 주어 말한 것 같지만 듣는 사람 입장에서는 차이가 없게 들릴 수도 있습니다. 따라서 강조할 단어에 확실하게 높게 힘을 주고 말합니다. 위 문장에서 '큰' 단어를 높은 톤으로 말하기 연습을 합니다.

> 1. 감동을 주는 강사가 되고 싶습니다.
> 2. 감동을 주는 강사가 되고 싶습니다.

둘째, 전달되어야 할 단어에 힘을 주며 말합니다. 1번은 감동이 핵심 단어이며 2번은 강사가 핵심입니다. 이렇게 전달하고자 하는 강의 내용, 즉 대본을 보며 문장에서 강조되어야 할 단어를 먼저 체크하고, 체크한 단어를 강조하면서 연습합니다.

코로나로 인해 정말│절망적입니다

셋째, 낮춤 강조법이 있습니다. 핵심 단어를 목소리 톤을 낮추어 약하게 말함으로써 강조하는 방법입니다. 낮춤 강조는 보통 부정적이거나 슬픔을 강조할 때 해당 단어의 목소리 톤을 낮추며 표현하는 방법입니다. 강조법과 함께 강조하고자 하는 단어에서 몸짓을 추가로 함께 표현하면 듣는 사람에게 훨씬 강조되고 내용 이해에도 도움이 되니 몸짓 연출도 함께 연습합니다.

같은 말을 해도 재미없고 무미건조하게 일자 톤으로 말하는 사람이 있는가 하면 현장감이 느껴지거나 계속해서 듣고 싶게 말하는 사람이 있습니다. 차이가 무엇일까요? 바로 생동감이 느껴지게 말하는 것입니다. 리듬을 타듯 말하거나 전하고자 하는 내용의 핵심 단어를 강하게 또는 낮게 강조하면서 말하고자 하는 상황의 감정이 전달되게 말을 하면 듣는 사람은 집중이 잘되고 그 말에 빠져들게 됩니다. 리듬감으로 말의 생명력이 느껴지고 강약, 고저의 강조로 집중도 더욱 잘됩니다. 경쟁력 있는 상품을 잘 어필하고 전달하기 위한 말하기에서 호소력 있는 좋은 목소리로 콘텐츠를 각인시킵니다.

정확한 발음을 빠르게 향상시키는 방법, 아나운서를 따라 연습합니다. 이왕이면 방송국에서 뉴스를 전하는 아나운서를 따라 합니다. 이때 신입 아나운서보다는 메인 뉴스 아나운서를 따라 연습합니다. 그들은 오랜 경험을 바탕으로 좋은 기술력을 갖추고 있으므로 훈련에 도움이 됩니다. 이때 뉴스 내용에 집중하지 않고 발음에만 집중해서 연습합니다. 지방 출신인 저도 아침 가족들의 식사 준비 시간에 뉴스를 들으며 발음 연습을 합니다. 정확한 발음으로 말하려면 속도가 빨라질 수 없습니다. 빠르게 말하는 것은 중요하지 않습니다. 정확하게 전달하고 말하는 것이 중요하니 천천히 제대로 발음을 연습합니다.

대화를 주고받는 느낌의 자연스러운 말하기 연습은 쇼 호스트를 따라 합니다. 그들은 다양한 스피치 기술로 시청자들에게 말을 건네며 소통하는 분위기로 말합니다. 몸짓을 비롯한 목소리 강약, 강조, 리듬감, 감정 표현 등 다양한 기법을 그들을 따라 연습하면 생동감 있는 몸짓과 목소리로 사람들을 집중시킬 수 있습니다.

임수희의 1등 브랜드 팁!

자신 있게 말하는 순간 당신은 더 특별해진다. 자, 이제 당당하게 소리 내어라. 기억하라 당신은 특별하다.

07

나를 선택하게 하라 :
관계 마케팅

    브랜드의 본질은 성공입니다. 비싼 돈 들여 홍보 광고해서 알려도 실력이 없으면 브랜드는 지속하지 못하고 사라집니다. 돈이 핵심이 아닌 사람에게 인정받아야 브랜드가 지속됩니다. 혼자 아무리 좋아 보이는 브랜드를 만들어놓고 떠들어도 주위에서 인정해주지 않고 사람들이 거부하면 의미가 없습니다. 영향력도 평판에서 시작됩니다.

내 팬으로 만드는 기술을 발휘하라

주위에 인간관계가 좋은 사람들의 특징을 살펴보면 다음과 같습니다.

1) 먼저 다가가고 항상 밝은 표정으로 사람을 대한다.

2) 대화를 나눌 때 일방적으로 혼자 말하지 않는다.

3) 자신의 의견을 강하게 주장하지 않는다.

4) 상대방의 말을 잘 들어준다.

5) 공감과 호응을 잘한다.

6) 배려하고 존중한다.

7) 상대의 마음을 헤아릴 줄 안다.

8) 자기표현을 솔직하게 한다.

9) 역지사지로 상대방의 입장을 생각한다.

10) 대화 분위기를 편안하게 만든다.

이런 특징을 가진 사람과 인간관계를 맺기 싫어하는 사람은 없습니다.

인간관계가 좋은 사람은 대화 기술이 좋습니다. 혼자서만 말하지 않고 상대방의 말을 잘 들어주며 일방적 말하기가 아닌 대화를 주고받습니다.

대화하는 상대와 아이컨택트 하며 대화에 집중하고 있다는 느낌을 전합니다. 강의에서도 인간관계 기술, 대화 기술이 드러납니다. 강사와 청중 간 쌍방향 대화가 잘 이루어져야 하는데 쌍방향 대화를 하려면 강사 자신이 잘났다는 생각을 버리고 청중을 배려하고 존중하면 됩니다. 대화는 강사와 청중 간 상호작용을 통해 이루어집니다. 아무리 학력이 뛰어나다 할지라도 혼자서만 잘난 듯 일방적으로 말하고 내용을 주장하면 청중들은 외면합니다. 독단적인 행동과 말하는 사람을 싫어하듯 무조건 '내 말을 들어라' 식의 강의는 깊은 반감을 갖게 합니다. 또한, 현장에서 질문하는 사람을 무시하지 않고 존중하고 이해하는 태도를 가지며 상대의 나이가 당신보다 어릴지라도 반말하지 않고 존댓말을 사용합니다.

강의 내용에 자신이 없거나 외우듯 줄줄 읊어대는 강의도 쌍방향 소통을 어렵게 합니다. 따라서 전달할 내용을 먼저 숙지하고 자연스러운 쌍방향 소통을 끌어낼 수 있는 대화 기법을 강의에 적용하면 당신에 대한 신뢰감 및 호감도는 올라갑니다. 사람들은 말을 듣고만 있는 것이 아닌 내용은 기본으로 듣되, 말투, 예의까지 보면서 듣습니다. 강의를 통해 전해지는 당신의 배려 깊은 인간관계 기술은 향기가 되어 전달되고 당신은 더욱 특별해지며 브랜드 이미지로 자리 잡습니다.

강사와 청중의 만남은 인간관계의 시작으로 인간관계 기술을 잘 발휘해서 그들을 내 편, 내 팬으로 만듭니다.

기버(giver), 힘을 키워라

브랜드의 본질은 성공하는 것이며 성공하기 위해서는 개인의 실력은 기본이며 주변 및 관계 맺는 사람들과의 관계가 매우 중요하다고 알려드렸습니다. 타인에게 좋은 이미지를 전하고 타인을 돕는 활동을 하면 영향력이 발휘되고 인정받아 해당 분야에서 성공하게 됩니다. 사람들은 자기 먹고사는 것에만 급급하고 주변 및 타인에게 어떤 도움을 줄 것인지에 대해서는 깊게 생각하지도 행동하지도 않습니다. 그런데 안타깝게도 그래서 자신도 더 나아지지 않습니다.

자신이 가진 콘텐츠가 너무 귀해 SNS에도 기록하지 않고 노출하지 않는 강사들이 있습니다. 다른 강사가 베껴서 따라 한다는 이유입니다. 좋은 내용임에도 불구하고 공유하지 않고 감추어두니 사람들에게 선택받을 기회도 없습니다. 도움을 줄 수 있는 좋은 메시지를 공유하고 나눌수록 당신에게 기회가 옵니다. 너무 세게 쥐고 있으면 오히려 하나도 갖지 못합니다. 부서지거나 다 빠져나가 자신에겐 하나도 안 남아요.

사회단체와 복지기관은 교육 및 행사는 많은데 강의료가 아주 낮은 편입니다. 유명 강사를 모셔 좋은 강의를 제공하고 싶지만, 현실적으로 강의료가 맞지 않아 어려움이 있다는 말을 자주 듣습니다. 강의료가 우선이 아닌 좋은 강의로 도움 주는 것에 의미를 부여하면 보람된 일을 하는 것입니다.

기부하면 얻는 것이 있습니다. 나누면 한쪽에서만 일방적으로 주는 것 같지만 나누면 받는 것이 있습니다. 강의로 경험해본 강사님은 무슨 뜻인지 이해가 될 것입니다. 기버(giver)들도 이 힘을 압니다. 심리학자는 행복해지는 방법으로 관계에서 상대에게 타인의 안녕을 증진하기 위해 보상과 상관없이 타인을 도우려는 이타성의 마음가짐과 자세를 취하라 합니다. 기부는 행복을 주려고 시작하지만, 기부하면 자신도 행복해지는 매력을 경험하게 됩니다.

불교에서는 베푸는 것을 복 짓는다고 설명합니다. 타인에게 베풀면서 자신의 삶에 복을 쌓고 짓는 일은 좋은 일입니다. 복을 받게 되는 일이니까 말이죠. 복 짓기와 나눔은 타인을 위한 배려이기도 하지만 동시에 자신의 행복을 위한 실천입니다. 나눈 만큼 돌아옵니다. 손해 본다 생각하면 베풀 것이 없고 베풀기 싫어집니다. 진심으로 베풀면 그것은 더 좋은 가치를 안고서 자신에게 돌아옵니다. 좋은 콘텐츠를 나누면 그것이 영향력이 되어 복을 받는 기회는 반드시 옵니다. 조건 없는 봉사와 기부로는 해석하지 마세요. 당신의 이익을 전혀 생각하지 않고 무조건 주기만 하라는 것은 아닙니다. 목표와 기준점을 두고 하는 선택사항입니다. 기억할 것은 타인을 돕는 것은 곧 자신을 돕는다는 것입니다.

"

진심으로 베풀면 그것은 더 좋은 가치를 안고서
자신에게 돌아옵니다. 좋은 콘텐츠를 나누면
그것이 영향력이 되어 복을 받는 기회는 반드시 옵니다.

"

임수희의 1등 브랜드 팁!

위대한 부를 이룬 사람들은 타인에게서 무언가를 얻는 것보다 자기가 가진
것을 베풀어 이루어낸 것임을 배운다.

단순한 도전은 포기와 실패가 따라오지만,
꼭 해야 하는 목적의식과 열정은 행동을 유발하고
결과를 만들어낸다.

PERSONAL BRANDING

강사의 본질은 좋은 콘텐츠로 강의를 잘하는 것입니다. 청중을 몰입시키는 강의 기술이 있으면 강의 만족도가 높아지고 다른 강사들과 차별화되며 브랜드 본질의 가치를 상승시키는 결정적인 요소가 됩니다. 강의 현장을 뛰며 터득한 노하우로 개발한 참여교수법. 청중이 강의에 몰입하고 자발적으로 참여하도록 하는 강의 기술입니다. 2010년 프로그램 개발. 특허청 상표등록을 완료하여 고유 상표가 되었습니다. 이 책에서 브랜딩의 본질을 높이는 강의 방법. 강사 직업으로 성공할 수 있는 강사의 전문 기술을 알려드립니다.

Part 3

브랜딩의 본질이 되는 1등 강의 스킬 : 참여교수법

01

내 앞의 청중부터
파악하라

알고 만나야 대처가 가능하다

먼저 청중을 제대로 알아가는 것부터 시작합니다. 매너 있는 사람들만 강의 장소로 오면 얼마나 좋을까마는 현실은 그렇지 않습니다. 강의하는 강사 앞에서 대놓고 팔짱 끼고 잠을 자는 사람, 핸드폰으로 게임을 하는 사람, 통화하는 사람도 있습니다(물론 매너 있게 강의를 잘 듣고 호응해주시는 사람들이 더 많습니다).

가장 선호하는 대상은 학습자(learner)입니다. 배우고 싶어서, 강사를 만나고 싶어서, 강의가 듣고 싶어서 등 아주 적극적이고 긍정적인 마인드를 가지고 찾아옵니다. 성인들은 자신의 직무수행능력 또는 삶에 도움이 된다고 판단될 때 콘텐츠에 관심을 두고 집중합니다. 대면 강의 현장에서 앞쪽 좌석을 선호하며 테이블과 상체의 각도가 90도 이하로 필기도구를 챙겨 열심히 메모하는 모습을 보여줍니다. 시선은 항상 강사에게 주시하고 있는 것이 특징입니다.

자신의 선택과는 상관없이 소속된 조직에서 진행되는 강의가 있거나 지시가 떨어지면 어쩔 수 없이 강의 장소로 향하는 이들, 이를테면 끌려온 자들입니다. 그들은 강의에 대해 크게 관심이 없습니다. 심지어 강의를 듣기 싫어합니다. 그래서 필기도구도 없이 강의 장소로 오는 경우가 대부분이며, 앞쪽에 빈 좌석이 많이 있어도 뒷좌석을 선호하는 것이 특징입니다. 강의를 듣는 자세는 테이블과 상체의 각도가 90도 이상으로 등받이에 몸을 기대어 팔짱을 끼고 있거나 아예 핸드폰을 꺼내어 대놓고 다른 행동을 합니다. 끌려온 자들이 많은 곳에서 강의하면 강사도 긴장되고 강의가 잘 풀리지 않습니다. 이곳에서 강의해야 하는 상황이라면 크게 한 번 심호흡하고 마음의 준비를 하고 강의를 시작합니다.

강의 시간에 쉬거나 잠을 자겠다고 작정하고 쉬러 오는 자들이 있습니다. 우리 강사가 싫어서가 아닌 업무로 인한 피로나 개인의 컨디션 관리를 위해 강의 시간을 나름 활용하는 것입니다. 업무로부터 탈출이라 생각하고 사무실보다는 강의실에 있는 것이 낫다고 판단하기도 합니다. 또한, 강의에 대한 필요성을 크게 느끼지 못하기 때문에 잠을 선택하는 자연스러운 행동을 보입니다.

사회 경험을 통하여 자신의 분야와 관련된 지식과 경험을 바탕으로 이것이 자아 정체성이나 가치관과 연결되어 강의를 듣는 자세에 영향을 줍니다. 새로운 것을 쉽게 받아들이려는 열린 마음의 사람도 있지만, 자신의 견해와 다른 내용에 대해서는 분석이나 비평하려는 태도를 보이는 것이 성인들의 특징이기도 합니다. 특히나 강사의 말 몇 마디 들어보고 강의 전체를 판단하거나 선입견으로 대하는 사람도 있습니다. 이럴 때는 같이 맞대응하는 것보다 다양성을 인정하고 자연스럽게 대처하는 지혜를 발휘합니다.

니즈(원하는 것)를 채워줄수록 감동한다

강사 입장에서 만나고 싶은 사람은 강의를 듣고 싶거나, 교육이 필요로 해서, 강사를 만나고 싶어 오는 사람들입니다. 이들이라면 대환영합니다만, 강의장 현실은 정말 다양한 사람들의 모임 공간입니다. 따라서 강의장에 있는 그들의 심리를 먼저 이해하는 것이 필요합니다. 강의를 듣는 그들도 원하는 니즈가 있습니다. 그것이 채워지면 강의 만족도가 올라갑니다. 사람은 자신이 원하는 것을 상대가 해결해주면 고마움을 느끼고 특별한 존재감으로 기억하려 합니다. 그래서 잘나가는 강사들은 현장에서 궁금한 내용을 해결하는 즉문즉답을 하거나 사전에 사연을 접수하여 해결해주어 강의의 만족도를 높이는 기술을 펼치기도 합니다. 이외에도 다양한 니즈를 풀어보면 다음과 같습니다.

"강의 자료를 주세요."

"바로 써먹을 수 있는 것을 주세요."

"활용 가능한 기술을 주세요.

"재밌게 해주세요."

"힐링시켜주세요."

"감동이요~."

"선물 주세요."

"빨리 끝내주세요~."

"시키지 마세요!"

강의장에서 강사에게 바라는 것이 이렇게 많습니다. 평소 좋아하거나 유명한 강사를 만나러 온 자들은 감동적인 강의는 기본, 마치고 인증사진, 사인을 받기 위한 니즈를 갖고 있습니다. 이것이 해결되면 감동적이고 기억에 남는 강의가 되겠죠.

청중의 특징을 통해서 알다시피 자신이 할 수 있는 것들로만 잔뜩 늘어놓는 강의가 아닌, 현장에서 청중들의 심리를 이해하고 요구를 해결해주는 강의를 하면 만족도가 올라가고, 올라가는 만족도는 누적되어 당신의 브랜드 형성에 좋은 결과로 남게 됩니다.

https://www.youtube.com/watch?v=84fPBm8_BTE&t=350s

임수희의 1등 브랜드 팁!

지피지기 백전백승, 쉽게 생각하지 않는다. 그들은 쉬운 상대, 만만한 상대가 아니다.

02

끌림이 있는
오프닝이란?

먼저 닫혀 있는 마음을 열어라

만남에서 첫인상은 중요합니다. 특히나 표정에서 전해지는 인상은 매우 강력합니다. 잘생기고 못생기고는 중요하지 않습니다. 처음 만났을 때 호감 가고 관계를 이어가고 싶은 기대감을 주는 사람은 미소 짓고 웃는 인상을 준 사람입니다. 당신의 밝고 환한 인상은 기분 좋게 합니다. 첫인상에서 전문성과 신뢰감, 친근감까지 전달할 수 있다면 강의에 대한 호기심 및 기대감은 더욱 커집니다.

강의가 시작되면 인사를 합니다. 이때 인사말은 밝고 활기차게 합니다. 예를 들어 "임수희입니다. 반갑습니다!" 인사말과 함께 고개 숙여 인사할 경우 '반갑습니다'의 '다' 끝을 힘 있고 활기차게 올려줍니다. 박수를 유도하는 효과를 줍니다. 반대로 차분하게 인사하며 어미 '다'를 내리면 박수 소리가 작거나 박수 치지 않습니다. 분위기도 가라앉습니다. 청중과 공감대가 형성되지 않은 상태에서 강사 혼자 흥분된 목소리로 시작하면 거리감이 느껴지니 인사와 박수로 서로 주고받으며 분위기를 형성하여 시작합니다.

강사에 대해 어느 정도 정보가 있는 청중도 있지만, 강사를 잘 모르는 상태에서 강의를 듣는 청중도 있습니다. 사회자가 강사 소개를 멋지게 해주면 참으로 감사할 일이지만 그런 과정이 없다면 신뢰감을 줄 수 있는 강사 소개를 직접 합니다. 직접 자기소개를 할 때 개인적인 이야기를 많이 하거나 잘난 척하는 느낌이 전달되지 않도록 주의합니다. 거부감이 생깁니다. 서로가 공감할 수 있는 내용으로 사람들의 마음을 한곳으로 모읍니다. 강사에게 마음이 열리면 강의를 받아들이기 시작합니다.

시작과 동시에 본론 내용을 전달하면 강의 집중도가 떨어집니다. 초보 강사들이 이렇게 강의를 많이 합니다. 주제를 전달하고 바로 본론으로 들어갑니다. 강의에 대한 청중의 기대감이나 흥미를 끌어올릴 수 있는 그 어떤 것도 제공하지 않고 본론이 시작되면 청중의 심리 상태에 따라 강의 집중이 쉽지 않을 수 있습니다. 오프닝에서 긴장감을 내려놓고 흥미로 끌릴 수 있는 아이스 브레이킹을 하세요.

아이스 브레이킹은 어색한 분위기를 깨뜨려 강의의 분위기를 최상의 상태로 이끌어가는 프로그램입니다. 간혹 강의 시작 전 주최 측 대표의 인사말이나 담당자의 어색한 메시지로 분위기가 아이스 메이킹 되는 경우가 있는데 그 뒤를 이어 강의하면 아이스 메이킹 되어버린 분위기를 깨트리는 데 더 많은 에너지를 쏟아야 하는 때도 있습니다. 아이스 브레이킹은 생뚱맞지 않고 강의 내용과 연관된 것으로 흥미를 불러일으켜 기대감과 긍정성을 갖게 하는 전략입니다. 재미있는 이야기나 유머 등을 준비하여 유쾌한 분위기를 형성하는 것도 좋습니다. 신기한 것을 보여주거나 놀라게 하는 것도 흥미 유발에 도움이 됩니다. 예상하지 못한 방법으로 주제를 소개하는 것도 흥미로움과 끌림을 유도할 수 있습니다.

오프닝은 강의를 빨리 듣고 싶게 자극하는 구간입니다. '오~오늘 강의

기대되는데!', '궁금해!'라는 기대감으로 당신의 강의에 집중할 수 있도록

자극하는 시간입니다.

https://www.youtube.com/watch?v=57M-TOo7k2Q&list=PLpdojrE556l0cCIa7cUGN_LflsP6DVgFc&index=14&t=2s

임수희의 1등 브랜드 팁!

무조건 잘하겠다는 생각을 내려놓고 여유 있게 나답게 시작하면 그것이 아우라가 되어 당신만의 아우라에 사람들이 끌린다.

03

최고의 강의는 튼튼한
설계로부터

최대한 정보, 자료를 입수하라

미팅이나 비즈니스를 하기 전에 여러 상황에 대해 미리 파악하고 준비하면 더 좋은 성과를 얻을 수 있습니다. 강의 또한 마찬가지입니다. 강의를 제대로 하기 위해서는 만나게 될 대상자, 장소, 환경에 대해 미리 파악하면 강의에 대한 막연함에서 벗어날 수 있습니다. 정보 파악 없이 지레짐작하다가 예상하지 못한 상황에 당황하면 실력 발휘도 못 하고 끝나버립니다. 준비한 역량을 최대한 발휘하여 강의의 만족도를 높일 수 있는 설계 과정은 좋은 강의를 위해 필요합니다. 가장 중요한 기초 작업을 제대로 배워두면 강의할 때마다 큰 도움이 되고 튼튼한 강의를 이어갈 수 있습니다. 설계도 없이 건물을 그냥 지어버린 격으로 강의도 그냥 해 버리면 무너집니다. 모든 것에 기초 기반이 가장 중요하듯 강의도 예외 가 될 수 없습니다.

목적(purpose)이 무엇인지 알아야 합니다. 의뢰하는 곳에서 또는 강의 를 듣고자 하는 자의 요구하는 방향을 제대로 알아야 합니다. 성과와 해 결을 위한 지식 및 방법 전달 강의를 원하는지, 경험을 바탕으로 지혜와 감동을 공유하는 강연을 원하는지 확인해야 합니다. 목적에 따라 흐름의 분위기는 달라지기 때문에 미리 꼭 체크해야 합니다.

사람(people)에 대한 정보를 파악합니다. 구체적으로 연령대, 선수 학 습 여부, 경력, 남녀 비율, 인원수, 업무부서 등을 구체적으로 파악하면 강의 방향을 잡는 데 도움이 됩니다.

장소(place)를 알아야 합니다. 장소를 알아야 이동할 교통편 및 이동시 간을 미리 체크할 수 있습니다. 좌석 배치에 따라 실습 여부가 달라지므로 대강연장, 회의실, 세미나실 등의 의자와 책상 배치 상태를 파악하고 강의할 때 필요한 마이크, 음향, 화이트보드, 컴퓨터, 빔프로젝터 등의 기기까지 필요하다면 사전 요청해야 합니다. 당연히 준비되어 있을 거란 생각으로 확인 없이 USB만 가져가서 당황하는 일이 발생되지 않도록 미리 체크합니다.

강의 의뢰 자료 수집 및 체크 사항 예시

의뢰 업체명	○○교육연수원
담당자 성함	○○○
연락처	○○○
메일 주소	○○○
날짜	2022.07.06
대상자	인원수: 30명 남녀비율: 여자 18명 남자 12명 연령대: 30대이상부터~50대까지 경력유무: 10년 이상 해당교육유무: 처음 특성: 직무내용 공직자 대상 교육
장소	○○교육연수원 내 교육장
주제	내부강사양성 강의스킬 교수법
시작시간 및 소요시간	오전 9시~18:00 총 8시간
기기물	노트북, 빔, 음향, 마이크
강의료	강의료 규정에 맞춰

강의 의뢰 자료 수집 및 체크 사항

의뢰 업체명	
담당자 성함	
연락처	
메일 주소	
날짜	
대상자	인원수: 남녀비율: 연령대: 경력유무: 해당교육유무: 특성:
장소	
주제	
시작시간 및 소요시간	
기기물	
강의료	

강의 전개 3단계법

강의 전개에서 가장 일반적인 방법, 3단계 전개법입니다. 짧은 강의일 때는 적당하지만 긴 시간 전개에서는 추상적이고 범위를 나누기 광범위한 단점이 있습니다. 짧게 촬영하는 온라인 클래스(인터넷 강의) 구성 시에는 적합합니다.

강의 전개 3단계 예시

서론 10~15%	강사가 갖추어야 할 3가지 요소
본론 70~80%	내용 콘텐츠 전문가 전달기술력 필요 태도(마인드) 관리
결론 10~15%	3가지 요소를 갖추면 인정받는 강사가 된다

강의 전개 3단계

서론 10~15%	
본론 70~80%	
결론 10~15%	

첫 번째, 도입 단계의 서론입니다. 시작하며 주제 전달 및 강사 소개와 목적, 필요성 및 강의의 기대와 동기 부여를 제시합니다. 전체에서 10~15% 정도로 구성합니다.

두 번째, 전개 단계인 본론은 강사의 기술을 발휘하여 청중의 호응과 목적을 달성하며 강의 내용을 전달하는 단계입니다. 중간중간에 흥미를 제공하여 집중도를 계속 유지시키며 전체 강의의 70~80%로 구성합니다. 주제를 뒷받침하여 방법 사례 실습 등을 여기 본론에서 다룹니다.

세 번째, 종결 단계인 결론은 전체 내용 정리 및 마무리 단계입니다. 강의에서 결론은 감동적인 메시지로 클라이맥스를 이루는 경우가 많습니다. 강의를 시작해서 중간까지 잘하더라도 마지막을 잘 정리하지 못하면 강한 인상 및 여운을 남기기 어렵습니다. 따라서 끝맺음에 핵심 내용 및 동기 부여 메시지를 전달하고 마무리하며 전체에서 10~15% 정도로 구성합니다.

더 체계적으로 구성된 강의 전개 7단계법으로 설계하라

서론 본론 결론의 3단계 전개는 단순하고 쉽게 느껴지지만, 구체적인 내용 및 긴 시간 강의 전개에서는 부족함이 있습니다. 따라서, 더욱더 세부적이고 구체적으로 나눈 7단계를 추천합니다.

강의 전개 7단계 예시

주제	학습자 몰입 참여교수법
강사 소개	진진진가, 프로필
주의 환기	산토끼 시리즈, 경청테스트
동기 부여	강의를 잘해야 하는 이유
방법 제시	강의 경험 유무 진단 참여교수법 설명 강의 전개 7단계 설명—실습 교육생 특징—설명, 예시 학습 참여 동기를 떨어뜨리는 강사의 강의 방법 vs 동기 부여시키는 강의 방법—작성 스피치 스킬—논리, 바디랭귀지, 호흡—실습 효과적인 전달력 말하기 스킬—실습 내용 정리 복습—강의 질의응답
재동기 부여	강사의 떨림과 설렘, 잘나가는 강사로 인정받기
마무리	인사

강의 전개 7단계 예시

주제	
강사 소개	
주의 환기	
동기 부여	
방법 제시	
재동기 부여	
마무리	

강의 전개 1단계 – 주제 소개

보통 강의장에 시작 전부터 스크린에 주제 화면을 띄워둡니다. 주제를 보고 청중이 궁금해하거나 흥미를 갖게 합니다. 흔하고 일반적인 뻔한 강의 주제보다는 차별화된 호기심 또는 궁금함을 유발하는 주제를 만드는 것이 좋습니다.

강의 전개 2단계 – 소개

강의하는 사람이 누구인지 소개하는 시간입니다. 강의 및 강사에 대한 첫인상을 결정하게 되는 중요한 타임입니다. 따라서 호감을 끌 수 있는 강사 소개 및 경험이나 경력과 관련된 프로필을 공개하며 자기소개를 합니다.

강의 전개 3단계 – 주의 환기

편안한 마음으로 강의에 집중할 수 있도록 어색하거나 서먹한 상태를 깨트리는 아이스 브레이킹 및 주의집중 시간을 가집니다. 아이스 브레이킹을 통하여 친밀감을 형성하고 서먹하고 어색했던 마음이 편안해지면서 강의에 기대와 흥미를 갖게 하는 시간입니다. 강의 내용과 연관된 프로그램을 준비하여 아이스 메이킹 상태를 아이스 브레이킹 합니다.

강의 전개 4단계 – 동기 부여

강의 전개에서 가장 중요한 부분입니다. '내가 왜 이 강의를 들어야 하지?', '이 강의가 나에게 무슨 도움이 되지?' 하는 목적의식을 갖게 하는 시간입니다. 다시 말하면 강의의 필요성과 중요성을 느끼게 하는 중요한 부분입니다. 자신의 삶이나 업무를 두고 생각하게 해주는 시간이기도 합니다. 이 동기 부여는 강의를 듣게 하는 자극제로 이 강의를 통하여 좀 더 나아질 자신을 상상하고 새로운 그 무엇인가를 받아들이는 자세를 갖게 하는 것이 중요합니다. 사람들은 자신에게 도움 되고 긍정적인 결과가 예상되면 동기 부여를 받게 됩니다. 따라서 강의를 통한 긍정적인 예상 결과를 전하며 강의에 참여하는 동기를 유발합니다.

4단계 동기 부여는 저자가 개발한 참여교수법의 가장 핵심입니다. 동기 부여가 되면 청중은 알아서 강의에 참여하고 집중합니다. 동기 부여로 자극을 받았기 때문입니다. 강의에 참여한다는 것은 움직이고 활동하는 것도 포함되지만 참여교수법의 핵심처럼 동기 부여가 제공되면 청중은 알아서 강의에 몰입하고 참여합니다. 사람의 마음을 움직이게 하고 변화하게 하는 자극제 동기 부여를 제공하여 강의를 듣게 하는, 강의 전개에서 가장 중요한 부분입니다.

강의 전개 5단계 – 방법 제시

시작에서 전달된 주제 및 목적에 따른 본론, 세부 내용을 이제 본격적으로 전달합니다. 강의 내용의 이해를 돕기 위해 정의, 예시, 사례, 비유, 실습, 경험 공유 등 다양한 강의 기술을 동원하여 강의 내용을 이해시키고 집중할 수 있도록 합니다. 집중하는 시간이 길지 않기 때문에 한 개의 소주제로 오래 끌고 가지 않고 자주 분위기를 바꾸며 강의합니다. 예를 들어 강의 내용 정의 설명 시간으로 약 20분, 사례 약 20분, 방법 제시 20분 형태로 많이 나눕니다. 최대 20분 간격으로 쪼개면 화제 전환으로 분위기가 바뀌고 새롭게 집중하고 듣기가 수월해집니다. 싫증을 느끼지 않도록 스팟 등 흥미 유발 기법 또한 자주 도입하는 것도 좋습니다. 스팟에 대한 설명은 뒤에서 알려드리겠습니다.

강의 전개 6단계 – 재동기 부여

방법 제시에서 전한 강의 내용의 핵심 정리 및 재동기 부여를 합니다. 소감이나 다짐하는 것으로 강의를 통해 자신의 변화된 생각을 정리하고 발표하거나 강의 내용을 복습하는 단계이기도 합니다. 마지막 마무리에서는 강한 인상이나 여운을 남길 메시지를 전하면 강의가 오래 기억에 남습니다. 감동적인 영상이나 인용 문구를 활용하며 동기 부여하면 효과가 좋습니다.

마지막 인사말로 강사의 인사말로 강의를 마무리합니다. 이때 청중에게 "수고했습니다."라는 인사말보다는 "경청해주셔서 감사합니다." 인사말로 마무리합니다.

"

설계도 없이 건물을 그냥 지어버린 격으로
강의도 그냥 해버리면 무너집니다. 모든 것에 기초 기반이 가장 중요하듯
강의도 예외가 될 수 없습니다.

"

임수희의 1등 브랜드 팁!

지금까지 없었던, 지금부터 당신의 인생을 바꿔줄 튼튼한 강의 설계 7단계 작성을 시작하라.

04

강의 집중 동기 부여 교과서
참여교수법

강의 참여 동기를 떨어뜨리는 태도를 버려라

강사가 강의 참여 동기를 떨어뜨리게 하는 경우가 있습니다. 먼저 강사와 청중 간 라포(RAPPORT), 즉 친밀감 형성을 하지 않습니다. 강의 시작 전이나 강의 쉬는 시간, 소통 시간을 갖지 않고 강의 시간 정시에 맞추어 나타나서는 강의가 끝나는 즉시 장소를 떠나버리는 경우입니다. 이처럼 청중에게 관심이 없고 거리감을 두는 행동을 하면 강사에 대한 호감도는 떨어집니다. 궁금한 것이 있어도 질문하기가 꺼려지고 궁금증 해결이 되지 못해 답답하고 함께 사진 촬영도 하고 싶은 기대감이 실망감으로, 강의 만족도는 떨어집니다. 만족도가 떨어지면 브랜드는 실패합니다.

수동적인 상태의 청중을 그대로 내버려둡니다. 강의에 대한 적극성이 없고 의지가 없는 상태로 그대로 내버려둔 채 강사가 준비한 내용 전달 에만 집중합니다. 청중에게 관심 없고 진도 빼듯 강의만 하면 청중 또한 계속해서 방관하는 자세를 취하게 됩니다. 쉬는 시간 또는 강의가 끝나 고 기지개를 켜며 지겨움을 호소하는 청중의 태도를 앞에서 보게 된다면 강의 시간이 힘들었다는 메시지를 보여주는 것입니다.

실생활이나 업무에 적용 가능한 내용으로 설명하지 않고 이론만 강의 합니다. 강사는 강의를 통해 내용을 전달하였고 이해하고 못 하고, 적용 하고 못 하고는 청중의 몫으로 책임을 넘겨버리는 경우, 구체적인 방법 이나 예시를 전혀 제시하지 않고 이론만 전달되면 실제 상황에서 적용하 기가 어렵고 이해가 안 되어 갈수록 미궁에 빠집니다.

청중을 무시하거나 비난합니다. 강의 중에 질문이 나오면 다른 사람은 다 아는 당연한 것을 질문하냐는 식의 무시하는 말투나 비난은 청중의 이해 능력이나 지적 수준을 비난하여 자존심을 상하게 하거나 불쾌한 감정을 갖게 합니다. 그것은 당신의 브랜드 이미지에 마이너스이자 손상되는 행동입니다.

켈러 ARCS 이론

미국 교육공학 박사 켈러의 ARCS 이론(동기 이론)은 수업을 함에 있어 어떻게 하면 동기를 유발하고 유지하여 매력적인 수업을 진행할 수 있을 것인가에 대한 전략을 체계적으로 연구했습니다. 그중 가장 중요한 변인으로 주의집중(attention), 관련성(relevance), 자신감(confidence), 만족감(satisfaction)의 4가지 변인을 제시하였습니다.

켈러 박사는 인간이 어떤 과제를 해결하고자 하는 노력과 수행, 결과에 영향을 미치는 개인 특성 변인과 환경 변인이 학습 동기에 많은 영향을 끼친다고 합니다. 이 중에서 환경 변인이 학습자들의 동기 수준을 결정짓는 중요한 역할을 하는데 그 환경 변인으로 주의집중, 관련성, 자신감, 만족감을 제시하였습니다.

ARCS 이론 참여 유발 첫 번째 방법은 주의집중을 시키는 것입니다.

이를 위해 필요한 것은 단순 재미 수준에서 벗어나 흥미를 유발하고 지속해서 긴장을 유지하는 것입니다. 따라서 흥미를 느낄 수 있는 내용으로 구성하는 것이 중요합니다. 청중이 스스로 적극적으로 참여하고 궁금한 사안들을 탐구하고 결과를 도출해낼 수 있도록 기회를 유도합니다. 주의집중이라는 것은 호기심, 주의 환기, 감각 추구 등의 개념과도 비슷합니다. 따라서 주의집중을 유지할 수 있도록 지각적 각성, 탐구적 각성, 변화성을 제시하면 좋습니다. 지각적 각성은 강의가 흥미롭게 진행될 것이라는 기대를 불러일으킬 수 있도록 재미있는 그림 등을 보여주는 것입니다. 탐구적 각성은 지적 호기심을 유발하는 것으로 질문이나 문제를 제시하여 주의를 집중시키는 방법입니다. 마지막 변화성은 지루함을 덜기 위해 다양한 강의 기술이나 강사의 다양한 목소리를 구사하는 것을 말합니다.

두 번째 방법은 관련성을 갖게 하는 것입니다. 주의집중에 성공하면 강의에 관심을 가져 스스로 강의에 대한 당위성을 갖고 참여하게 됩니다. 관련성이란 흥미나 목적의식을 가지기 위한 긍정적인 해답을 찾는 노력으로 필요성이 절실해지면 누가 배우라고 하지 않아도 스스로 배우려 노력하게 되어 있죠. 강의 내용이 자신의 꿈을 달성하는 데 도움이 된다고 인지될 때 청중의 참여 동기는 더욱 강력한 힘을 발휘하게 됩니다. 따라서 성공 사례의 경험을 공유하거나, 데이터에 근거한 자료를 제시하면 관련성을 갖는 데 도움을 주게 됩니다.

세 번째 방법은 자신감을 갖게 합니다. 참여를 유발하거나 계속 유지하려면 청중이 필요성을 느껴야 하고, 강의를 듣고 자신도 성공할 수 있다는 자신감이 생겨야 합니다. 효과가 100% 보장되지 않더라도 할 수 있다는 자신감을 심어주는 것이 참여 동기 유발 및 유지의 요소입니다. 자신감을 갖게 하는 방법은 쉽게 답할 수 있는 질문하기, 긍정적인 응원의 메시지, 칭찬하기, 인정하기, 적극적인 참여 태도에 대한 선물 제공이 방법입니다.

네 번째 방법은 만족감을 갖게 하는 것입니다. 강의 내용이나 결과 등 요구에 대한 만족감으로, 만족도가 높으면 강의 및 강사에 대한 긍정적인 이미지가 유지되고 내용을 실생활에 적용하는 적극적인 태도를 보이게 됩니다. 만족감을 느끼게 하기 위해서는 내용을 크게 벗어나지 않는 범위에서 그들의 요구를 함께 제공하는 것입니다. 필요로 하는 자료를 제공하는 것도 만족감을 높이는 방법입니다.

강의에 집중시키는 동기 부여 방법은 참여교수법으로!

저 역시 강의에 집중시키고 잘하기 위해 공부하던 중 알게 된 켈러의 ARCS 이론과, 강의 현장에서 겪으며 알게 된 경험들이 모여 참여교수법이 탄생하였고 강의에 집중할 수 있도록 돕는 강의 참여 동기 부여 방법 8가지를 알려드립니다.

하나, 자신에게 필요한 강의임을 느끼게 합니다. 강의가 자신에게 이익이 되고, 도움이 된다는 판단이 서야 집중하고 듣습니다. 따라서 강의를 시작하며 청중에게 강의의 중요성 및 필요성을 제시하며 동기 부여합니다.

둘, 강의에 흥미를 갖게 합니다. 지루한 느낌이 들면 집중도가 떨어지고 강의에 참여하지 않으니, 듣기만 하는 수동적인 방법 외 질문 기법이나 청중들에게 관련 있고 궁금해하던, 내용을 배우되 적당한 긴장감을 가지고 강의에 임할 수 있도록 토의, 강의, 참여기법으로 구성하고, 강사의 목소리 및 몸짓, 강의 기술로 흥미를 유지합니다.

셋, 실생활에 적용할 수 있는 내용으로 구성합니다. 청중은 "배운 내용을 어떻게 활용하지?", "이것이 나에게 도움이 될까?"를 생각하며 강의를 듣습니다. 강의가 도움이 되겠다고 판단이 되면 강의에 집중합니다. 지식이나 이론을 배우는 것도 중요하지만 배운 것을 생활에서 실제 적용하는 것이 청중들에겐 더 필요하기에 이론으로 끝내지 않고 적용할 수 있는 방법을 예시 및 실습을 병행하며 실생활에 적용할 수 있도록 제시해줍니다.

넷, 칭찬하고 격려하며 인정합니다. 대부분 사람은 칭찬에 목말라 있습니다. "칭찬은 고래도 춤추게 한다."라는 말이 있듯이 하버드 심리학자 윌리엄 제임스는 "모든 사람의 가장 큰 욕구가 칭찬받는 것"이라 했습니다. 따라서 강의하며 여러 상황을 두고 칭찬하고 격려하세요. 칭찬과 격려받은 청중은 자신감을 갖게 되고 당신은 그에게 특별한 존재감이 됩니다. 계속해서 강의에 집중하는 자세를 취하게 됩니다. 강의 기술은 인간관계 기술이 여기서 증명되지요.

다섯, 열정적인 모습을 보여줍니다. 강의 시작 전부터 끌림 있는 친밀감 형성을 통하여 긍정적인 관심을 표현합니다. 당신의 열정적인 태도가 그들에게 전달되어 긍정적인 에너지가 참여 동기가 됩니다.

여섯, 강의를 통한 목표를 수립합니다. 강의를 통하여 추후 변화하게 될 미래, 결과, 효과를 상상하게 하거나 강의 내용을 적용함으로써 원하는 결과물을 이룰 수 있다는 희망과 자신감을 갖게 합니다.

일곱, 강의에 참여하는 목적을 존중합니다. 강의 장소에 앉아 있는 각자의 계기나 이유를 존중합니다. 강사가 원하는 청중은 강의를 잘 듣고 집중을 잘하는 것이지만 실제 현장은 모두 그들로만 구성되어 있지 않음을 인정하고 앞서 다룬 청중 파악하기를 통해 알게 되었듯이 다양한 특성들을 이해하며 강의에 집중하는 시간을 기다려주거나 집중하도록 흥미를 제공합니다.

여덟, 서로 간의 소통을 강화합니다. 강의 시간 청중과도 강사와도 서로 소통하며 진행합니다. 소통을 통한 네트워크 형성은 강의 시간 내 참여도를 높이고, 강의가 끝난 후에도 교류하며 배운 내용에 대한 실천 및 공유로 서로 간의 동기 부여 요소가 됩니다.

"

강의 진행의 4가지 핵심은
주의집중, 관련성, 자신감, 만족감입니다.

"

임수희의 1등 브랜드 팁!

강의에 참여시킨다는 것은 활동, 움직임을 시키는 것이 아니다. 스스로 능동적으로 참여하도록 동기 부여를 제공하는 것이다.

05

강의에 흥미를 더하는
스팟

스팟은 무엇이며 왜 하는가?

스팟이란 짧은 시간 동안 주의를 집중시키고 적극적이고 긍정적인 참여를 유도하여 성취감이나 일체감을 느끼게 하는 심리 연출을 뜻합니다. 더 쉽게 설명하자면 강의 중 내용 이해도 및 흥미 유발, 청중의 기분 전환 및 분위기 전환을 위해 활용하는 기법입니다. 강의의 집중도를 높이기 위해 마음을 열고 생각을 모으는 기법으로 강의 내용과 관련 있는 감동적이고 체험적인 활동을 뜻합니다. 움직이면서 학습 효과를 낼 수 있는 참여기법이기도 합니다.

사람을 살리는 골든타임이 있다면 강의를 살리는 타임이 바로 스팟 타임입니다. 강의를 좀 해본 강사라면 스팟이란 단어를 모를 리 없습니다. 강사에게 큰 도움을 주는 고마운 강의 기술입니다. 스팟은 어색하고 싸늘한 강의 분위기를 살려줍니다. 짧은 시간 동안 주위 집중시키고 흥미와 재미를 유발하여 적극적으로 강의에 참여할 수 있도록 도와줍니다. 강의 전후로 청중에게 동기 부여 제공용으로 활용하기도 하며 강의에 집중도를 높이기 위해 생각을 잡아주기도 합니다. 강의에서 스팟을 하지 않을 이유가 없죠. 강의 내용과 관련된 참여 유발 활동이기에 적극적으로 활용하면 좋을 뿐만 아니라 그런 일이 있어서는 안 되지만 예상치 못한 일로 강사가 강의 장소에 늦어질 때 행사 담당자가 대신 활용할 수 있는 기법이기도 합니다. 이러한 스팟은 청중의 마음을 여는 기법이기에 짧고 간결할수록 효과가 좋습니다. 재미와 함께 강의 효과를 얻기 위해서는 스팟 활용을 추천합니다.

스팟 없이 강의만 하면 산만함이 그대로 유지, 집중 시간이 느려집니다. 스팟을 활용하면 주의력과 집중력을 상승시킬 수 있습니다. 긴장하면 학습 효과는 떨어지는데 편안하게 상호 간의 관계를 형성하는 스팟으로 긴장감을 풀어주면 관계가 형성되어 마음이 열리게 됩니다. 청중끼리 원만한 상호작용과 네트워크가 형성되지 않으면 강의가 시작된 후 적극적으로 참여하지 않고 수동적인 자세로 일관합니다. 발표하거나 질문하는 것에 대해 답을 맞히는 것에도 서로 눈치를 보며 참여하지 않습니다. 청중의 요구에는 재미가 포함되어 있습니다. 재미있는 구성으로 강의에 대한 흥미가 유지된다면 강의에 대한 고정 관념이 깨지고 강의에 집중하는 태도로 바뀌게 됩니다.

청중의 시선을 집중시키고 마음을 얻기 위해 스팟을 활용할 때 강사에게 필요한 것이 있습니다. 바로 자신감입니다. 좋은 강의를 위해서인데 강사 자신이 어색하고 멋쩍어하면 스팟은 빛을 발휘하지 못합니다. 청중이 즐길 수 있다면 강사 스스로가 스팟이 자연스러워질 때까지 연습하고 또 개발해야 합니다.

다양한 스팟을 적절히 활용하여 강의에 활력을 불어넣습니다. 스팟을 하면 할수록 강의가 풍요로워지고 즐거워지며 참여도도 높아집니다. 강의에 대한 애정과 관심만 있으면 강의에 적극적으로 활용하게 됩니다.

강의를 들으며 흥미롭고 재미까지 있다면 계속해서 끌리겠죠. 강의를 잘하는 강사 브랜딩 전략입니다.

현장에서 쓸 수 있는 스팟 기법 3가지

강의 현장에서 사용할 수 있는 스팟 기법을 소개합니다.

1) 층수 박수

떨어진 집중력을 다시 높이고자 할 때, 분위기 전환이 필요할 때, 팀워크 단합을 실습시키고자 할 때 활용할 수 있는 스팟이다. 이 스팟은 해당 층수만큼 손뼉을 치는 게임이다. 예를 들어 3층을 주문하면 박수 한 번, 박수 두 번, 박수 세 번으로 3층까지 갔다가 다시 반대로 1층으로 돌아오는 박수 게임이다.

짝-짝짝-짝짝짝-짝짝-짝

1   2   3   2   1

몸에 익히고 이해시키기 위해 다 같이 3층을 실습한다. 그리고 4층까지 한 번 더 실습하면 손뼉 치는 요령을 대부분 이해한다. 본격적인 게임은 5층부터 시작하면 된다. 5층부터 팀을 나누어 층수를 높이는 경쟁을 시키면 게임의 몰입도가 높아진다. 팀을 나누고 해당하는 층수를 하나된 박수 소리로 표현해야 하지만 실제 게임을 하면 쉽지가 않다. 손뼉을 치면서 옆 사람의 박수 소리와 박자감도 들어야 하기 때문이다. 이 상황에 집중하지 않으면 성공하기 어려운 박수 게임이다. 손뼉을 치면서 층수를 기억하고 집중을 하며 상대방의 소리도 들어야 하므로 집중도가 높아진다. 이 스팟을 통하여 자연스럽게 분산된 집중력을 다시 끌어올리고 다운된 분위기를 끌어올리며 성공한 팀은 단합된 분위기를 즐기며 좋아한다.

2) 가위바위보! 짠!

강사가 관심만 가지고 주위를 살피면 강의 시간에 활용할 수 있는 스팟들이 많다. 지금 소개하고자 하는 스팟은 예전 KBS〈1박 2일〉이라는 예능 프로그램에서 보여준 게임을 보고 강의에 응용한 것이다.

가위바위보를 할 수 있는 2인 1조 짝꿍을 정한다. 그리고 각각 A와 B로 이름을 정한다. 강사가 '가위바위보!' 하고 외치면 A만 그 소리에 맞추어 아무거나 한가지 내면 된다. B는 한 박자 뒤 '짠!' 소리에 맞추어 게임을 한다. 이때 한 박자 먼저 A가 손동작을 공개하였기 때문에 B는 A에게 지는 손동작을 제시하면 된다. 예를 들면 가위바위보 소리에 A가 묵을 내면 한 박자 뒤 짠 소리에 B는 가위를 내면 된다. 짝꿍을 마주 보고 강사가 동시에 모두 참여할 수 있도록 외친다.

가위바위보가 끝나고 나면 조용했던 분위기가 아주 방방 뜬다. B가 대부분 A를 이기는 가위바위보를 제시하기 때문이다. 분명 지는 게임으로 알고 시작했지만 손은 생각과 달리 이긴다. 그 상황을 두고 B는 황당해하면서 어이없어 웃고 있고 그런 B가 웃겨서 A도 웃는다. 스팟을 몇 번 반복하여 진행한다. 분위기는 점점 더 흥미진진해진다. 그리고 역할을 바꾼다. A는 이제 B 역할, B는 A로 역할을 바꾸어 참여시킨다. 마찬가지로 강사가 '가위바위보!', '짠!' 하고 외치면 이젠 A가 B를 이기는 가위바위보 손동작을 제시해서 또 한바탕 웃음바다를 만든다. B가 느꼈던 감정을 A도 느끼게 되고 B는 그런 A의 모습을 보고 즐거워한다.

3) 산토끼 시리즈

이 스팟이 궁금하다면 유튜브 채널 '임수희 TV'를 통해 배우면 바로 활용 가능하다.

산토끼의 반대말은?

IQ 30 이 생각하는 산토끼의 반대말은?

IQ 60 이 생각하는 산토끼의 반대말은?

IQ 80 이 생각하는 산토끼의 반대말은?

IQ 100 이 생각하는 산토끼의 반대말은?

IQ 150 이 생각하는 산토끼의 반대말은?

IQ 200 이 생각하는 산토끼의 반대말은?

https://www.youtube.com/watch?v=t8WZWEFvB7U

임수희의 1등 브랜드 팁!

강의 때 활용할 스팟을 여러 개 머릿속에 저장해둔다. 적재적소에 분위기
를 살리는 큰 무기가 된다.

06

강의를 망치는 리스크를
제거하라

강의를 방해하는 요소를 제거하면 강의가 편해진다

강의 시설 및 환경이 열악하고 강의 시간도 피곤한 시간대이며 집중시키는 강의를 하지 못한다면 청중은 최악의 강의 경험을 할 수 있습니다. 강사가 사전에 강의 리스크를 체크하고 최대한 제거한다면 최고의 강의 경험으로 기억시킬 수도 있습니다.

원활한 강의를 위해서 강의 의뢰 담당자와 강의 전 자주 커뮤니케이션을 하는 것도 중요하지만 무엇보다 강사가 강의 시작 전 미리 강의 장소에 도착하여 강의 장소의 상황을 직접 점검하는 것이 좋습니다. 기계적, 환경적인 부분에 문제가 있다면 빨리 해결하고 원활하게 강의가 시작될 수 있도록 하는 것도 강사가 해야 할 역할입니다. 강의 시작과 함께 나타나서 사전 점검이 안 된 강사보다는 미리 와서 점검하고 강의할 준비가 되어 여유 있게 시작을 기다리는 강사의 모습에서 전문가다움을 느낍니다.

실내 온도는 될 수 있으면 서늘한 것이 좋습니다. 특히 겨울에 난방온도를 너무 따뜻하게 높이면 졸거나 잠들기에 좋습니다. 강의장 조명은 밝게 합니다. 가끔 담당자가 스크린 화면에 집중시키기 위해 극장처럼 어둡게 조명을 낮추는 경우가 있습니다. 어두운 분위기라면 강의를 듣기보다는 잠을 청하고 싶지 않을까요? 강의에 방해될 수 있는 환경적 요소는 애초에 제거하고 시작하는 것이 강의 집중에 도움을 주겠죠.

스팟이나 움직임의 참여가 있는 강의를 하고자 할 때는 책상과 의자 배치 상태를 미리 알고 원하는 배치가 이루어지도록 합니다. 당연히 컴퓨터나 노트북이 있을 거란 생각으로 확인도 하지 않은 채 강의 자료를

USB에 담아갔다가 낭패를 겪는 강사들이 간혹 있습니다. 확인하고 확인하면 마음이 편안해집니다.

『당신의 양쪽 뇌를 사용하라』에서 토니 부잔의 말에 따르면 성인은 평균 90분 동안 이해하면서 들을 수 있지만, 오직 20분만을 기억하면서 듣는다고 합니다. 집중력을 테스트한 연구 결과에 의하면 1시간 강의를 들으면 첫 15분에 발표된 내용은 75% 정도 기억하고, 그 후에는 기억하는 정도가 차츰 떨어져서 마지막 15분에 들은 내용은 20%조차 기억하지 못한다고 합니다. 시간이 갈수록 집중력이 떨어지는데 대한민국 유명 강사가 왔다고 할지라도 점심 후 잡힌 강의는 서로에게 힘듭니다. 내려오는 눈꺼풀의 무게를 이길 자가 아무도 없기 때문이죠. 강사가 강의 시간을 선택할 수 있다면 점심 후 시간은 피하는 것이 좋습니다. 피할 수 없이 강의해야 한다면 수동적으로 듣게만 하는 강의는 서로에게 힘든 시간이 되기에 스팟이나 액션 등 참여 기법을 많이 활용해서 강의를 준비합니다.

시간 관리를 위해서 시계 위치를 강의 시작하기 전 파악합니다. 강의 시작 후 시간이 얼마나 흘렀는지 확인하려는 순간, 어느 벽에도 시계가 없음을 알게 되면 순간 당황스럽거나 자신의 손목시계를 보는 행동을 청중에게 보이게 됩니다. 그 순간 강의 흐름의 맥이 끊어집니다. 시간 가는 줄 모르고 강의에 빠졌다는 후기를 남기는 기술은 강사가 강의를 잘하기도 하지만 시간 관리도 잘했기 때문이죠. 이것이 바로 강의 기술입니다.

"

강의 시작과 함께 나타나서 사전 점검이 안 된 강사보다는
미리 와서 점검하고 강의할 준비가 되어 여유 있게 시작을 기다리는
강사의 모습에서 전문가다움을 느낍니다.

"

임수희의 1등 브랜드 팁!

머릿속으로 먼저 시뮬레이션하라. 사전 점검하는 습관은 강의를 완벽하게
해준다.

07

기억에 남게 하는 강의 방법
3가지

듣기만 하고 강의가 끝나면 강의장 문을 나가는 순간 까먹기 일쑤죠. 강의가 좋았고 분위기는 알겠는데 구체적인 내용이 떠오르지 않는다는 청중들도 있습니다. 내용을 필기하거나 실제 해보거나 말로 설명하는 것은 자신이 능동적으로 참여하기에 기억에 남습니다.

다중감각을 참여시켜라

위스콘신 대학 연구에 의하면 시각 교구를 사용하여 어휘를 학습했을 때 학습 효과가 200% 향상되었다고 합니다. 하버드와 콜롬비아 대학에서도 시각 교구를 활용하면 14~38%의 기억력이 향상되며, 펜실베이니아주 와튼 스쿨과 미네소타 대학의 연구에 의하면 시각 교구를 병행한 프레젠테이션은 개념 설명에 드는 시간을 40% 줄여줍니다. IBM 컨설턴트 데이비드 피플즈는 프레젠테이션 플러스에서 사람들은 사물을 75%는 보는 것으로, 13%는 듣는 것으로, 12%는 냄새, 맛, 감촉으로 인식한다고 전하니 강의에서 시각 교구로 가장 많이 활용하는 프레젠테이션, 즉 PPT 화면을 보여주며 강의합니다. 전달하고자 하는 내용을 정확히 이해하고 기억할 수 있는 시각 이미지를 제시하고 설명하면 전달의 왜곡도 막고 오래 기억시킬 수 있습니다. 단 PPT 작업에 너무 오랜 시간을 할애하지 마세요. 프레젠테이션 쇼에 현혹되게 해서는 안 됩니다. 쇼가 메인이 아니라 중요한 것은 콘텐츠이니까요.

NTL 행동과학연구소의 학습 효과 피라미드에 의하면 학습자들이 학습하는 방식에 따라 24시간 뒤에 기억하는 비율이 다른데 듣기만 하는 공부는 5%, 책을 읽을 때와 같은 보는 공부는 10%, 강의를 들을 때처럼 시각과 청각을 함께 써서 듣고 보는 공부는 최대 30%밖에 기억하지 못합니다. 반면 토론을 하면 50%, 실제로 직접 해보면 75%, 다른 사람을

가르칠 때와 같이 말로 설명할 때 90%로 기억하는 비율이 높아지니 이
정보를 활용하여 내용을 구성하고 강의합니다.

PPT 자료 활용 예시

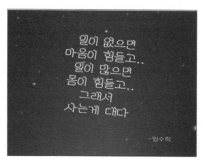

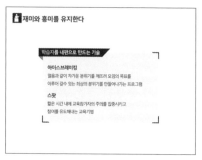
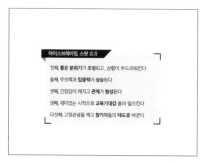

학습 효과 피라미드 (출처: NTL행동과학연구소)

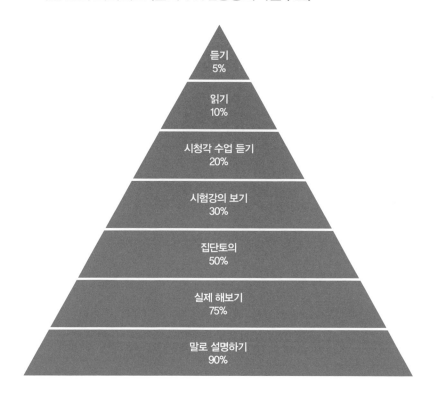

정보는 감각기관을 통해 들어오고 강의 내용을 말하면 청중은 청각기
관을 통해 듣게 됩니다. 그런데 한 기관만 사용하면 지겹거나 과부하가
일어나므로 다양한 감각기관으로 집중할 수 있도록 강의를 이끌어갑니
다. 발표, 질문, 대답 등 말하기와 쓰기, 실습하기 등의 다양한 감각기관
을 능동적으로 사용하여 강의에 집중하고 기억할 수 있도록 강의를 구성
합니다.

보통 강의를 듣는다고 표현합니다. 대부분 앉아서 강의를 듣습니다. 기억력 통계 자료를 보면 들은 것, 즉 청각은 겨우 20%를 기억합니다. 잘 들었는데 문을 열고 나가는 순간 잊어버렸다는 표현이 딱 맞는 듯합니다. 기억은 청각 외 다른 감각과도 밀접한 연관이 있어 여러 감각을 자극하면 기억에 더 오래 남게 됩니다.

소리 내어 읽게 하면 혀의 감각 자극과 자신의 음성을 듣기에 청각을 동시에 자극합니다. 강의 중에 무언가를 작성하는 시간을 가진다면 촉각을 자극합니다. 후각을 자극하는 방법은 향기를 맡게 하는 것으로 로즈마리와 유칼립투스는 뇌를 자극하여 집중력을 높이며 기억력을 향상시켜 줍니다. 레몬 또한 정신을 자극하여 기억력을 강화하는 효과가 있고, 페퍼민트는 졸음을 쫓아 머리를 상쾌하게 해주며, 바질은 머리를 맑게 하여 두뇌를 명석하게 해줍니다. 당신의 강의 분위기에 맞게 활용하길 바랍니다.

강의 집중에 도움 되는 음악이 따로 있다

신날 때 듣는 음악, 슬플 때 듣는 음악은 다릅니다. 현재 감정 상태에 따라 음악을 선택하는데, 음악의 박자나 리듬, 하모니가 인간의 심장박동과 뇌파에 영향을 주어 감정을 고조시키고 기억을 상기시켜주기 때문이죠. 강의 집중을 위해서도 음악을 잘 활용하면 도움이 됩니다. 연구에 의하면 학습자가 안정적일 때 학습에 집중을 잘한다고 하니 집중력이 필요할 때 마음을 안정시켜주거나 뇌와 코드가 맞는 음악이 들려주면 이 자극은 뇌에 전달되어 뇌의 학습 능력이나 암기력 등을 극대화해 학습을 잘할 수 있게 해줍니다.

심리학자 게오르크 로자노프는 클래식이 집중력 향상에 도움을 주는 음악이며 클래식 중에서도 바로크 음악이 최고의 효율을 준다고 했습니다. 그 이유는 바로크 음악이 분당 60bit로 정상 심장박동 수(60~100)와 비슷하므로 마음의 안정으로 집중력과 기억력 향상의 효과를 나타낸다는 것입니다. 사람의 뇌파 유형은 알파파, 베타파, 델타파, 세타파로 나뉘는데 뇌 과학자들은 바로크 음악이 알파파 상태를 유도하는 최적의 음악이라고 말합니다. 알파파는 주파수가 8~13Hz인 뇌파로 마음에 안정감을 주어 집중력과 학습 효율이 최상인 상태를 말합니다. 그 외 헨델, 바흐, 비발디, 모차르트 곡 등도 학습 환경을 자극하고 유지한다는 연구 결과가 있습니다.

강의 쉬는 시간에는 분위기 전환을 위해 청중 연령대를 파악한 신나는 음악을 들려주세요. 음악을 들으며 앞서 강의 시간 졸거나 집중하지 못한 청중들에게 새로운 자극이 뇌에 전달되어 몸과 마음이 전환되는 데 효과적입니다. 쉬는 시간 음악은 이왕이면 신나면서 긍정적인 가사 내용의 음악을 추천합니다. 동영상을 통한 음악 감상은 귀와 눈까지 즐겁게 할 수 있습니다. 강의에 스트레스를 받았다는 느낌이 들면 자연의 소리 ASMR를 들으며 창밖을 바라보고 차분해질 수 있도록 돕는 것도 좋은 방법입니다.

강의 쉬는 시간이 끝날 무렵이나 강의 중에 잔잔한 피아노 연주곡을 들려주면 들떠 있거나 주변 정리가 끝나지 않아 산만하게 집중하지 못하는 청중의 상태를 차분하고 안정감 있게 조절해서 강의에 다시 집중시킬 수 있습니다.

강의 중 생각을 정리하거나 필기하며 참여하는 시간에는 빠르고 경쾌한 음악보다는 조용히 생각 정리를 할 수 있는 차분하고 느린 기악곡이 좋습니다. 반대로 강의 중 즐겁고 신나는 참여 강의 시간이라면 경쾌하고 빠른 곡을 활용합니다. 들뜨고 시끄러운 강의 분위기에서 하던 것을 멈추고 주의집중을 시켜야 할 때는 켜놓은 음악을 갑자기 꺼버리는 방법도 있습니다. 음악 소리가 없어지면서 자신의 목소리가 드러나 순간적으로 놀라며 정적이 감도는 분위기를 경험하게 됩니다.

복습 방법으로 기억을 정리시켜라

배운 내용을 복습하면 내용이 장기기억으로 남게 됩니다. 의식적으로 노력하여 지식을 끄집어내고 표현하는 과정을 거쳐야 신경세포의 연결망이 강화되어 입력된 정보가 장기기억에 남아 자신의 지식으로 굳어집니다. 눈과 귀를 통한 지식의 입력도 필요하지만, 청중의 능동적인 출력 연습이 없으면 입력만으로는 효과를 기대만큼 올리지 못합니다. 필요할 때 즉시 정보를 사용하기 위해서는 반복적인 출력 연습을 통해 두뇌 속에 그것을 각인시켜 장기기억으로 만들어야 합니다. 정리하면 머릿속에 입력된 지식이나 정보를 반복해서 표현하는 과정을 거쳐야 그 지식과 정보가 자신의 두뇌 속에 장기기억으로 남는다는 것이 뇌과학의 결론입니다. 따라서 강의 내용이 필요할 때 바로 접목하려면 반복적인 복습을 통해 뇌에 각인시켜주는 것이 필요합니다.

미국 심리학자 앨버트 메라비언의 저서 『조용한 메시지(Silent Messages)』에 사람들은 아이디어를 한 번 접하면 30일 후에는 10% 미만을 기억하지만, 그 아이디어를 여섯 번 접하게 되면 30일 후에도 90% 이상 기억한다고 했습니다. 즉 어떤 정보를 단기적 기억에서 장기적 기억으로 옮기려면 어느 정도 간격을 두고 여섯 번 이상 반복해야 한다는 것인데요. 강사 혼자 반복하기보다는 청중이 직접 반복적으로 참여해야 기억에 강하게 남을 수 있습니다.

얼마간의 시간 간격을 두고 되풀이하는 것을 '간헐적'이라고 합니다. 강의에서 배운 내용이 기억에 남게 하기 위해서는 강의 시간 안에 간헐적 복습을 시킵니다. 짧은 특강에서는 강사가 강의 시간에 기억해야 할 핵심 단어를 반복해서 전달하는 것이 방법입니다. 강의가 몇 달 동안 진행되는 장기 과정이라면 1시간 뒤, 하루 뒤, 일주일 뒤 식으로 간격을 두고 반복하여 중요 내용을 기억하게 하는 것이 방법입니다.

사람들은 첫인상을 오래 기억합니다. 그리고 마지막을 기억합니다. 듣기만 하는 것보다 직접 써본 것, 자신이 직접 말한 것을 기억합니다. 아울러 직접 행동한 것을 기억하고, 놀란 듯 강한 임팩트가 있는 것을 기억합니다. 반복적인 것을 기억합니다. 그렇다면 사람들이 기억하는 상황들을 강의에 적용합니다. 기억해야 하는 것을 처음 시작 부분에 전하고 마지막에 한 번 더 전합니다. 강의 시간에 직접 써보는 시간을 가지고, 직접 대답하고 말할 수 있는 경험 시간을 갖습니다. 이 모든 것을 직접 경험하면 기억에 남으니 강의 기술로 잘 활용하여 기억에 남게 하는 강의로 각인시켜 브랜드를 유지하기 바랍니다.

복습은 학습한 내용을 확실히 이해하고 자신의 것으로 만들기 위하여 일정한 시간이 지난 뒤 반복하는 학습 활동입니다. 강의가 끝날 무렵 필기할 수 있는 종이를 준비하고 좌측에서 밑으로 자음을 써내려갑니다.

ㄱ

ㄴ

ㄷ

ㄹ

ㅁ

ㅂ

…

ㅎ

그리고 해당하는 자음 칸에 기억나는 키워드나 문장으로 작성합니다. 예를 들면 강의 시간에 배운 내용 중 'ㄱ'으로 시작하는 키워드나 문장을 작성합니다. 본서의 내용을 복습한다면 다음과 같이 작성할 수 있습니다.

ㄱ: 강사, 강의, 강점, 강의 기술, 경험, 감각기관 …

ㄴ: 니즈파악, 내용 …

ㄷ: 다양성 …

ㄹ: …

이것의 장점은 강의 시간에 집중하지 않았거나 강의 내용을 메모하지 않은 청중들조차 강의를 마치기 전 복습하고 정리하며 강의 내용을 담아갈 수 있습니다. 실제 강의 장소에서 한 장에 강의의 핵심 내용이 정리되고 담기는 것을 보고는 감탄하는 모습을 본 적이 있는데 좋아하고 만족하니 안 할 수가 없겠죠.

임수희의 1등 브랜드 팁!

아무것도 하지 않으면 아무것도 기억나지 않는다. 당신의 좋은 강의가 기억에 남도록 다양하게 자극시켜라.

우리는 실질적이면서 구체적으로
가치를 높이며 특별해지는 콘텐츠를 만들어낼 수 있어야 하고
그럴 때 나만의 온리 원 브랜드는 완성된다.

PERSONAL BRANDING

교육 및 강연 방식이 오프라인에서 온라인으로 빠르게 전환되면서 이제는 온라인 수업이 일상이 되었습니다. 자신만의 강점 및 콘텐츠는 물론 지식, 정보 등을 강의로 구성하여 수익을 얻는 구조의 온라인 강의 기획에서 촬영, 제작, 판매까지 배우게 됩니다. 이제 당신도 온라인 강의가 있는 강사가 됩니다.

Part 4

나만의
온라인
강의를
제작하라

01

온라인 강의를 만들어야 하는
이유

장점을 알면 안 할 수 없다

많은 사람이 다양한 플랫폼을 통해 브랜딩 하고 있습니다. 콘텐츠만 있다면 이젠 누구든지 온라인으로 정보를 공개, 공유 가능한 시대이며 그것을 지원하는 많은 플랫폼이 등장했습니다. 온라인 강의(인터넷 강의)는 Live 강의, VOD 강의로 나눌 수 있는데 VOD 강의를 만들어야 하는 이유를 알려드리고자 합니다.

팬데믹 이후 대부분이 온라인으로 전환되었습니다. 온라인을 통해 배우고 가르치며, 비대면으로 소통하는 시대가 되었습니다. 개인의 좋은 콘텐츠를 온라인을 통해 전하는 것이 가능해졌습니다. 강의가 필요로 하는 사람이 장소, 시간에 제한받지 않고 영상을 시청할 수 있는 장점이 있습니다.

온라인 강의를 개설하면 수익이 발생합니다. 대면으로만 콘텐츠를 제공하던 자영업자 또는 강사들은 코로나 이후 경제적 손실이 컸습니다. 대부분이 온라인으로 전환되었고 온라인에서 수익을 창출할 수 있는 많은 변화가 일어났습니다. 유튜브는 시청 시간 및 구독자 수를 채워야 수익이 발생하지만 온라인 강의는 단 한 명의 수강생이 있어도 수익이 발생합니다. 저자 또한 제작 후 꾸준하게 이것으로 수익이 발생하고 있습니다. 잠을 자고 있어도 수익은 발생하고 있습니다.

온라인 강의가 있으면 타 플랫폼에서도 강의 요청 및 제휴가 들어옵니다. 다른 제휴들이 이어지게 되며 비즈니스 영역이 온라인에서 더 확장되는 기회를 만나게 됩니다. 강의, 교육하는 분이라면 자신의 비즈니스 영역이 온라인에서 더 확장되는 좋은 기회가 생기니 온라인 강의 제작을

적극적으로 추천합니다. 라이브 강의로 경험을 먼저 쌓은 후 작업하면

진행이 수월합니다. 브랜딩 단계에서 심화라고 생각하면 됩니다.

"

온라인 강의는
제작만 해놓으면 꾸준히 수익이 발생합니다.
잠을 자고 있어도 수익은 발생합니다.

"

임수희의 1등 브랜드 팁!

VOD 강의 제작 완성 전략은 성공하겠다고 결심하고 오늘부터 기획하는 것이다.

02

강의를 만들기 전에
고려할 것들

오프라인 강의 못지않게 온라인 강의도 기획을 잘해야 합니다. 사실 모든 것에 설계 기획은 중요합니다. 무턱대고 강의하면 실패하기에 온라인 강의도 기획을 잘하면 작업 진행 속도가 빨라지고 많은 고객이 선택하여 수익을 올리는 데 큰 역할을 하게 됩니다.

지금부터는 VOD 강의 제작 방법에 대해 알려드립니다. 저는 전문가 수준의 완벽한 영상 제작 과정으로 알려드리지 못합니다. 영상 제작의 전문가는 아니기 때문입니다. 전문가 수준의 질 높은 영상을 제작하고 싶다면 해당 전문가에게 맡기면 끝납니다. 자신은 강의만 잘하면 됩니다. 셀프 촬영에서 제작하며 터득한 방법 및 고려할 사항들에 대해 저의 방법과 노하우를 이제부터 알려드립니다.

역시 콘텐츠가 중요하다

온라인 강의를 빨리 제작하고 싶다면 콘텐츠는 가장 자신 있고 잘하는 것으로 정합니다. 기존 강의하고 있는 강사라면 주로 강의하는 콘텐츠로 선정하면 진행이 빨라집니다. 저 역시 과거 오프라인에서 강의했던 콘텐츠 중 가장 자신 있는 강사 브랜딩으로 시작했습니다. 늘 하던 강의이다 보니 작업 속도가 빨랐습니다. 바로 강의하면 되니까요!

강의 경험이 없다면 일상에서 직접 경험하면서 생긴 노하우가 있는 것을 콘텐츠로 정합니다. 이왕이면 잘하는 것이면 더 좋습니다. 음식 만드는 방법(요리), 운동하며 몸무게 감량에 성공한 운동법, 또는 식이요법, 취미로 했던 그림 그리기, 글쓰기 방법 등 자신이 직접 일상에서 경험하며 생긴 자신만의 노하우나 방법이 있는 콘텐츠로 정합니다.

콘텐츠(상품)는 공부하고 연구해서 선정하는 것도 가능합니다만 이론적 지식만 아는 콘텐츠는 경험이 없기에 느낌이나 실제 결과 등을 전달할 수가 없어 이왕이면 자신이 잘하고, 많은 경험으로 노하우가 있는, 성과나 결과가 있는 것을 콘텐츠로 정하면 강의에서 전해줄 메시지가 많고, 자신감이 유지됩니다. 바로 옆 지인에게 소개할 수 있는 상품인지 생각합니다. 즉 선택되고 팔릴 상품인지 한 번 더 고민하라는 뜻입니다. 스스로 아무리 좋은 콘텐츠라 여겨도 아무도 선택하지 않으면 의미가 없으니 많은 사람이 필요로 하고 쉽게 선택할 수 있는 콘텐츠로 정합니다.

시선을 잡는 주제로 만들어라

온라인 강의 완성 후 세상에 공개되고 잘 팔리는 것이 중요합니다. 잘 팔리려면 선택되어야 합니다. 선택되려면 눈에 띄어야 합니다. 눈에 띄려면 필요로 하는 사람들에게 끌리는 문구 주제로 눈에 띄게 해야 합니다. 주제는 평범한 것보다 수강생에게 끌리는 주제로 정하는 것이 좋습니다. 만약 여러 플랫폼에 비슷한 콘텐츠가 많다면 좀 더 눈에 띄거나 자극적인 주제를 만듭니다.

강사 입장이 아닌 수강생 입장에서 생각합니다. 주제는 고객의 관점에서 끌리는 메시지로 만드는 것이 중요합니다. 수강하려는 자들의 요구, 고민의 해결 단어, 원하는 키워드 등이 주제에 반영되면 선택될 확률이 높아집니다.

수강생은 의외로 원하는 요구가 다양합니다. 수강 후 예상되는 결과 및 효과를 위해 선택할 수도 있지만, 강의를 선택하려는 이유를 그들의 관점에서 곰곰이 생각해봅니다. 그들이 강의를 원하는 본질에 집중해봅니다. 그것을 주제로 작성합니다. 또는 시장의 상황과 트렌드를 알고 그것에 맞는 주제로 정합니다.

수강료에 예민하다

Mezzo media. 2020 교육업종 분석 리포트에 따르면 온라인교육서비스 구매에 영향을 미치는 요인은 수강료와 강의 커리큘럼이었습니다. 20대는 1위가 수강료, 2위 수강 후기, 30대~40대는 커리큘럼, 그다음 수강료 순이었습니다. 주제가 대중적이면 그만큼 경쟁자가 많으므로 가격을 내리는 것이 선택되는 전략입니다. 만약 꼭 필요한 사람들에게만 판매되는 강의를 제공하겠다면 가격을 낮추었을 때 강의를 선택하는 사람이 많지 않기 때문에 이윤 남기기가 어려울 수 있습니다.

처음 시작할 때는 시장가에 맞추어서 지정합니다. 이후 순차적으로 가격을 올립니다. 나중에는 네임 밸류가 가격이 되게 합니다. 네임 밸류란 이름이 세상에 알려진 정도, 즉 이름이 내포하고 있는 가치 혹은 그 이름에 대한 사람들의 관심이나 호감의 정도를 뜻하는데 브랜딩은 각자 자신의 네임 밸류를 높이는 것입니다. 나중에는 당신이 정한 금액에 많은 사람이 결제할 수 있도록 부르는 게 값이 되는 브랜드로 성공하길 바랍니다.

촬영 주체에 따라 달라지는 것들

촬영 주체에 따라 달라지는 것이 있습니다. 플랫폼 측에서 촬영과 편집을 하게 되면 전문가가 작업하기에 영상의 질이 확실히 좋습니다. 그러나 촬영 및 편집 작업에 참여했기에 저작권은 플랫폼 측이 갖게 됩니다. 아울러 영상 완성 후에 내용 수정을 원하거나 재촬영 과정이 불가한 단점이 있습니다. 직접 촬영 및 편집을 하게 되면 개인의 영상 제작 기술력에 따라 질이 좋을 수도 있고 떨어질 수도 있습니다. 장점은 직접 제작했기에 저작권은 자신이 갖습니다. 여러 플랫폼에 같은 영상으로 강의를 제안 및 개설 가능합니다. 완성 후 내용 수정 및 재촬영을 원한다면 언제든지 다시 촬영하고 편집 및 추가로 올릴 수 있는 장점이 있습니다.

강의 소개에도 요령이 있다

플랫폼마다 조금씩 다르게 표현하는데 강의 소개, 상세 페이지, 강좌 소개가 있습니다. 강의를 선택하게 하는 설득 구간이라 생각하면 됩니다. 드라마나 영화를 관람하기 전에 드라마의 기획 의도, 영화 기획 의도를 읽어보며 분위기나 느낌을 감 잡고 출연진, 배우 등에 대해서도 사전 정보를 검색하여 관람 여부를 판단하듯 온라인 강의의 콘셉트, 분위기를 감지할 수 있는 소개 글을 작성합니다.

소개 및 설명글을 작성할 때는 텍스트만 작성하기보다는 내용에 해당하는 사진을 첨부하면 이해 및 분위기를 판단하기에 좋습니다. 결정을 돕는 요소와 작성 방법을 공개하면 다음과 같습니다.

커리큘럼 작성 방법 – 앞서 수강 구매에 영향을 미치는 중요한 요소로 예비 수강생(고객)은 배우게 될 내용이 어떤 것이 있는지 교육 커리큘럼을 꼭 살펴봅니다. 생각나는 대로 작성하는 것이 아닌 주제에 대해 사람들이 궁금해하는 것, 수강생 관점에서 원하고 필요로 하는 것, 미처 생각하지 못한 영역까지 커리큘럼에 제시되어 있으면 상당히 끌리게 됩니다. 긴 글 설명보다는 배울 내용을 한 줄로 요약한 각 강의 소주제 느낌으로 작성합니다.

강사 소개 – 강사 소개 글을 통해 강사의 첫인상이 좋거나 공개한 실력 및 경력으로 신뢰감이 형성되면 클래스가 더욱 끌립니다. 또는 예비 수강생을 공감시키면 선택 가능성이 커집니다. 성공 사례를 진정성 있게 소개하며 신뢰할 수 있는 경력, 실력, 실적을 제시하는 것이 좋으며 개설한 강좌에 대해 열정, 애정을 담아 작성하면 클래스를 선택하는데, 플러스 요소로 작용합니다.

차별점 – 다른 강의에서 배울 수 없는 차별화된 방법이나 노하우를 예고합니다. 일반적이고 다 알고 있는 내용보다는 새롭고 차별화된 노하우가 있으면 그것이 궁금하고 배우고 싶어 선택합니다. 당신의 강의만이 차별화되고 독특한 것으로 판단할 수 있는 방법 또는 비밀을 공개하면 흥미롭고 궁금하니 선택할 확률이 높아집니다.

효과 – 강의 수강 후 일어나는 변화 및 결과, 효과를 작성합니다. 수강 후 그것을 통한 효과 및 결과, 또는 방향성을 미리 알 수 있다면 동기 부여가 되어 선택이 더 확실해집니다.

VOD 강의 구성은 간결하게 하라

클래스 소개 작성까지 완성되면 이제 강의 내용을 구성합니다. 강의마다 무슨 내용을 전달할 것인지 정리합니다. 온라인 클래스 강의 내용 구성 및 작성 방법은 앞서 제시한 3단 전개를 추천합니다. 각 회당 강의마다 3단 구성으로 나누어 내용을 작성하면 효과적으로 전달할 수 있습니다.

서론에서는 강의 주제(해당 차수 커리큘럼 주제)와 핵심 메시지로 구성합니다. 본론에서 주제에 따른 이유, 설명, 방법론, 실습으로 구성합니다. 마지막 결론은 내용을 정리하고 마무리합니다. 각 회차 강의마다 같은 방법으로 내용을 구성합니다. 강의 내용을 구성할 때 강의마다 핵심 내용을 꼭 전달합니다.

"그래서 (what) 뭔데?

"(why) 왜?"

라는 질문의 답이 강의마다 있어야 합니다. 핵심은 될 수 있으면 서론에서 오픈하고 본론에서 그것에 대해 구체적으로 설명합니다. 오프라인 강의는 지루해도 끝까지 앉아서 듣지만, 온라인 강의는 지루하고 원하는 내용이 없으면 바로 꺼버립니다. 수강생이 끝까지 시청하도록 유도하려면 원하는 핵심 내용을 먼저 전하고 이어 핵심 내용을 뒷받침하는 내용을 전달하는 순서로 구성하여 끝까지 듣게 합니다. 유튜버도 온라인에서 강의하는 사람도 잘 모르는 숨겨진 기술입니다.

내용 구성 팁!

세분화하여 내용을 구성하되 절제하는 것이 필요합니다. 첫 번째에 관한 내용이 길다면 두 번째 내용으로 앞 강의를 이어서 합니다. 거듭 알려드리지만, 강의 내용이 길어도 흥미롭거나 재미있게 강의하면 끝까지 시청하지만, 지루하고 재미없다면 꺼버린다(나가버린다)는 사실을 명심합니다.

강의 내용을 구성할 때 지식재산권, 저작권에 주의합니다. 책의 내용을 인용하거나 예시가 필요한 내용일 때는 출처를 밝힙니다. 온라인은 불특정 다수가 수강하고 아주 널리 분포되기에 원래의 저작자가 강의를 볼 수 있습니다. 혹시라도 법적으로 서로 간에 불편한 상황이 발생하지 않도록 출처를 밝히고 활용하는 것을 권장합니다. 좋은 콘텐츠를 온라인으로 공유하는 서로에게 필요한 매너이자 기본 자질이니 주의해서 내용 작성하면 브랜드에 흠집이 가지 않습니다.

당신이 수강생이라면 무엇을 배우고 싶거나 알고 싶나요?

'바로 써먹을 수 있는 것', '쉽게 할 수 있는 것', '모두가 알고 있는 내용보다는 다른 사람은 잘 모르는 특별한 것', '좋은 것', '자신에게 도움 되는 것' 등을 배우고 싶을 것입니다. 그렇다면 당신이 만드는 강의에 공개하면 됩니다. 즉 당신만의 노하우, 다시 말하면 수강생이 원하는 것을 공개하는 것입니다.

당신만의 노하우, 특별함이 강의를 선택하게 하고 많이 선택되는 만큼 수익은 발생합니다. 사람들은 비법, 노하우를 궁금해하며 그것을 선뜻 공개하는 전수자만이 특별하고, 특별하기에 선호하고 인정합니다. 선호하고 인정하는 만큼 전수자의 브랜드 가치는 상승합니다. 자신의 노하우를 오픈할 건가요? 당신만 알고 있을 건가요? 아무리 귀한 것도 세상에 알려져야 빛을 발합니다!!

임수희의 1등 브랜드 팁!

자신이 주체가 아닌 수강생을 주체로 말하고 알려준다.

03

어떻게 강의를 찍고
만들 것인가?

촬영에 필요한 최소 도구들

촬영 도구 카메라는 현재 사용하는 스마트폰의 카메라도 충분합니다. 저의 영상들은 모두 삼성 갤럭시 핸드폰으로 촬영하였습니다. 촬영에서 편집까지 모두 핸드폰으로 이루어졌습니다. 스마트폰으로 촬영하면 셀프 모드를 통해 화면으로 강의하는 자신의 모습을 볼 수 있는 장점이 있습니다. 자세나 표정 등을 수시로 점검할 수 있어 좋습니다. PPT 화면이 필요하다면 줌(zoom) 녹화 기능으로도 촬영 가능합니다.

카메라를 세울 수 있는 삼각대가 필요합니다. 앉아서 또는 서 있는 자세로 촬영할 때 자신의 모습, 높이를 맞출 수 있는 삼각대면 됩니다.

조명은 영상의 질을 높이기 위해 추천합니다. 없으면 영상이 어둡습니다. 편집 앱을 통해 밝기 편집이 가능하기도 하지만 조명이 있는 영상이 확실히 보기가 더 좋았습니다.

마이크는 스마트폰 자체의 마이크로도 녹음은 가능하지만 마이크 사용을 추천합니다. 마이크 없이 촬영한 영상과 마이크가 있는 영상의 음량은 확실히 차이가 있었고 마이크가 있는 영상이 훨씬 잘 들리는 장점이 있습니다. 영상 속에 주인공이 미남 미녀가 아니어도 사람들은 영상을 시청합니다. 그러나 잘 들리지 않으면 집중되지 않아 영상을 나가버립니다. 잘 들려야 집중하고 시청하니 마이크 사용을 권장합니다.

편집 안 해도 된다

촬영을 끝냈다면 거의 완성입니다. 이제 조금만 더 하면 강의 전체가 완성됩니다. 영상 촬영이 끝났다면 다음 작업은 편집입니다. 편집 과정

을 거치면 영상은 좀 더 질이 높아집니다. 한 개의 영상으로 편집하는 것을 추천합니다. 여러 영상 중 짜깁기 형태로 좋은 컷만 모아 편집하려면 그 과정이 어렵습니다. 그것은 전문가 영역입니다. 물론 편집기술 능력이 있다면 상관없지만 스스로가 인정한 '똥손'이라면, 쉬운 편집 방법은 촬영한 것 중 가장 맘에 드는 한 개의 영상 파일을 선택하여 편집하는 것입니다.

촬영 중간에 말의 내용이 기억나지 않거나 실수하는 경우 새로 촬영을 시작하는 것이 아닌 연결해서 촬영을 이어갑니다. 실수한 부분만 잘라내기 편집하면 자연스러운 영상으로 연결됩니다. 요즘엔 사진 및 동영상을 편집하는 앱(app), 어플이 많습니다. SNS를 하는 분이라면 스마트폰에 관련된 앱 하나 정도는 설치되어 있을 겁니다. 저는 vllo 앱으로 편집하였습니다. 편집이 간단하고 많은 편집을 하지 않았기에 사용하기에는 불편함이 없었습니다.

'똥손'이라 도저히 편집하는 것이 어렵다면 마음 편하게 영상 제작 업체에 의뢰를 추천합니다. 촬영까지 다했는데 편집이 어려워 포기하기보다는 편집만 전문가의 도움을 받아 완성하는 것도 방법입니다. 저 역시 크몽을 통해 업체를 선정하여 영상을 몇 개 편집하였습니다. 스트레스 덜 받고 빠르게 진행되니 지혜롭게 대처합니다. 영상 편집 안 해도 됩니다. 자막, 음악 없어도 봅니다. 듣습니다. 편집에 부담 갖지 마세요.

임수희의 1등 브랜드 팁!

쉽게 제작하려면 영상 기술에 집착하지 않는다. 메인은 강의 내용과 강사
이다.

04

온라인에서 많이
놓치는 것들

온라인에서도 다 보이고 들린다

논리적으로 말하면 말하는 사람도 듣는 사람도 이해하기 쉽고 기억하기 쉽습니다. 논리적으로 말하기 방법은 숫자를 넣어 분리해 세분화시켜 말합니다. 예를 들면 "이번 강의에서는 ○○ 방법을 2가지 알려드리겠습니다."

첫 번째, ~

두 번째, ~

또는 "이 강좌를 선택해야 하는 이유 3가지를 말씀드리겠습니다."

하나, ~

3가지의 내용이 무엇인지 궁금해서 들어야 할 것 같은 생각이 들며 집중할 수 있습니다.

사례나 예시를 들어가며 설명합니다. 이론적인 내용으로 설명하는 것보다는 그것과 관련된 경험, 사례, 예시 등을 말하면 듣는 사람이 이해하기 쉽고, 공감되어 강의에 집중합니다. 핵심적인 내용 또는 단어를 반복적으로 말합니다. 수강생이 꼭 기억해야 할 핵심 단어를 여러 번 반복해서 알려주면 중요함을 인지하는 데 도움을 줍니다. 아울러 앞서 음성 마케팅을 적극적으로 활용하여 전달력을 키웁니다.

촬영할 때 카메라 렌즈를 보며 말하지만, 실제 앞에 사람이 있다는 생각으로 말합니다. 다시 말하면 대면에서 대화 나누듯 내용을 전달하면 자연스러운 대화 버전으로 수강생이 듣기가 편합니다. 아나운서 버전은 서로 소통한다는 느낌보다는 혼자서만 내용을 전달하는 느낌을 주기에 앞에 사람이 있어 상호 소통한다는 느낌으로 말하면 훨씬 편안하게 시청할 수 있습니다.

표정은 전달하고자 하는 내용에 맞는 감정을 표정으로 전달합니다. 표정 연출만 잘해도 집중이 훨씬 잘됩니다. 표정을 보고 리얼함을 느끼기 때문입니다. 딱딱하게 굳은 표정이나 영혼 없는 표정은 공감이 되지 않고 강의에도 열정이 없어 보입니다. 강의에 대한 열정을 표정으로도 전하면 만족도에 긍정적인 요소로 작용합니다.

보통 말을 할 때 사람은 상대의 눈을 보며 말합니다. 마찬가지 수강생이 영상을 시청할 때 강사가 자신을 쳐다보며 말하면 소통하는 느낌이 들어 강의에 집중이 잘됩니다. 온라인에서 아이 콘택트 방법은 카메라 렌즈를 쳐다보며 말합니다. 그래야 수강생 입장에서 자신을 쳐다보는 그것으로 보입니다. 단 사람들과 대화할 때 처음부터 끝까지 얼굴을 쳐다보며 말하면 상대가 부담스러울 수 있으니 촬영할 때 자연스럽게 시선 처리하며 내용을 전달하면 수강생도 부담스럽지 않게 집중할 수 있습니다.

오프라인 강의는 청중이 볼 수 있는 시야 범위가 넓고 다양한 것을 눈으로 담을 수 있는 장점이 있습니다. 그러나 온라인 강의는 시야 범위가 좁습니다. 작은 모니터 한곳만 계속 쳐다보니 지루하고 집중력도 떨어집니다. 온라인 강의 속 강사는 몸짓을 많이 사용하며 활동적이고 생동감 있게 강의합니다.

복장은 강의 내용에 방해가 되지 않는 복장이면 됩니다. 강의에 방해만 되지 않는다면 개성 있는 복장으로 촬영해도 상관없습니다. 얼굴을 공개하는 영상이면 헤어와 메이크업을 하는 것이 좋습니다. 기본적인 헤어 정리와 메이크업만으로도 자신감이 생깁니다. 성의 없는 모습보다는 강사로서 자기관리 잘하는 모습을 보여주는 것이 자신의 강의에 정성을 쏟고 가치를 높이는 전략입니다.

많은 사람이 스피치를 잘하는 방법을 질문합니다. 뻔한 답일 수 있지만 스피치는 연습을 많이 하면 실력이 향상됩니다. 카메라만 쳐다보며 강의하는 것이 어색할 수 있지만, 실전 같은 시범 촬영을 여러 번 하고 스스로 모니터링하면서 업그레이드하면 보다 좋은 영상으로 완성됩니다. 표정, 자세, 몸짓, 말투, 내용, 전달력 등의 체크리스트를 만들어 촬영된 영상을 셀프 체크합니다. 스스로 피드백하고 보완하여 재촬영하면 영상의 질은 더 좋아집니다.

"

강사로서 자기관리 잘하는 모습을
보여주는 것이 자신의 강의에 정성을 쏟고
가치를 높이는 전략입니다.

"

임수회의 1등 브랜드 팁!

셀프 제작인 만큼 감독이 되어 셀프 체크 및 지휘한다.

05

온라인 강의
유통 판매

유통의 특징을 알고 전략적으로 접근하라

완성된 영상은 자신에게 맞는 유통 방법을 선택하여 판매합니다. 유통
방법 결정은 크게 3가지로 나눌 수 있습니다. 먼저 강의 플랫폼을 이용하
는 방법입니다. 대표적으로 클래스 101, 클래스 유, 유데미, 탈잉, 크몽,
그로우 등이 있는데 적극적인 마케팅으로 이용자가 많아 노출이 잘되는
장점이 있습니다. 그러나 수수료가 20%에서 많게는 40% 이상입니다.

다른 판매 방법은 직접 홈페이지를 만들어서 판매하는 것입니다. 디자인 및 편집 작업을 자유롭게 할 수 있는 장점이 있지만, 개인 홈페이지이기에 운영 비용이 발생하고 적극적인 마케팅이 필요합니다.

SNS 채널이 활성화되어 있다면 블로그나 인스타그램, 카페 등 자신의 SNS나 커뮤니티에서 판매하는 방법도 있습니다. 단점은 수강생 입장에서 결제가 불편합니다. 계좌번호를 알려주고 현금 결제로 유도해야 하는 불편함이 있습니다. 이것을 보완한 방법이 스마트 스토어를 비롯한 플랫폼입니다. 사업자가 없어도 판매가 가능한 장점이 있습니다. 처음에는 플랫폼이나 채널을 이용하지만, 나중에는 자사몰 사이트나 스마트 스토어 등으로 수수료는 줄이고 결제가 가능한 사이트를 만들어가는 순서로 진행합니다.

참고로 앞서 전했듯 영상 저작권을 가지고 있다면 여러 플랫폼에 개설할 수 있으니 직접 영상을 제작하여 많은 곳에 개설하고 수익을 창출하기 바랍니다.

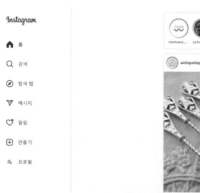

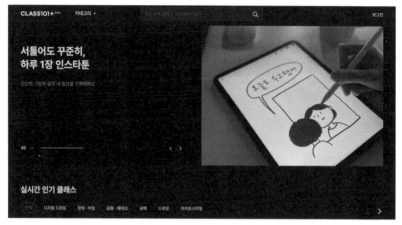

임수희의 1등 브랜드 팁!

일단 온라인 세상에 드러내면 누가 사도 산다. 망설이지 말고 드러내라.

나다움으로 브랜딩
성공하기

퍼스널 브랜딩으로 경쟁한다는 것은 나다움으로 경쟁하는 것이다. 그것이 결국 차별화된 상품이고 고유한 상품으로 가치를 인정받는다. 자신과 대면한다. 좋아 보이는 나만 보려하지 않는다. 자신이 애써 외면하고 싶은, 예를 들어 경제적인 것, 관계 등 숨기고 싶은 것들에 대해 외면하지 않는다. 그것도 나다. 자신이 마음에 들지 않는 것도 인정한다. 사람은 누구나 장단점이 있고 결핍과 부족함이 있으며 잘하는 것이 있으면 못하는 것도 있다. 완벽해야 성공하고 행복해지는 것은 아니다. 부족함에 머물러 있지 않고 채워가면 된다. 더 잘되기 위해서 자신만을 위한 전략을 만들고 지속적일 수 있도록 노력하는 것이 중요하다.

20년을 자가운전으로 전국을 다니며 강의했고, 많게는 1년에 10만km를 운전하며 브랜딩을 이어가고 있다. 운전이 힘들어도 운전을 좋아하기에 가능했던 나만의 방법이다. 운전이 무섭고 정말 하기 싫은 사람에게 똑같은 방법으로 하라면 과연 지속 가능할까? 빠른 포기가 예상된다. 각자 자신에게 맞는 스타일과 속도로 나만의 브랜딩을 해야 한다. 그러기 위해서 무엇을 좋아하고 무엇을 잘하는지, 무엇을 원하고 무엇이 하고 싶은지, 어떤 내가 되고 싶은지 진지하게 그리고 차분하게 생각하며 찾고 정리한다. 그리고 나다운 브랜딩 방식으로 시작한다.

오로지 수익을 얻기 위해 브랜드를 만들려하면 오래가지 못한다. 타인에게 영향력이 되려고만 애써도 힘들고 지친다. 무엇보다 자신에게 먼저 영향력이 발휘되어야 한다. 즉 자신이 즐겁고 행복한 감정을 느끼며 성장을 이어가는 것이 먼저다. 그 후 경험의 과정과 방법들을 사람들에게 전파하여 영향력을 발휘한다. 이것이 퍼스널 브랜드이다. 강사 브랜드를 인정받을 수 있었던, 그리고 지금까지 20년을 할 수 있었던 것은 지방 출신이지만 나답게 실천하고 그 속에서 얻는 성취감, 행복감이 있었기에 가능했다.

아무나 퍼스널 브랜딩에 성공한다고 말할 수는 없다. 아무나 강사 브랜드를 만들 수 있다고도 말할 수 없다. 자신의 멘탈을 새롭게 세팅하고 꾸준하게 브랜딩 전략을 실천하면 브랜드는 완성된다. 당장, 한 방에 큰 결과를 얻고 싶은 마음을 버린다. 한 방은 당신을 성공시켜주지 않는다. 자신의 콘텐츠로 브랜딩 방법 정보까지 배우고 알았는데 문제 될 것이 하나도 없다. 이제부터 바로 시작하면 된다. 하면 된다. 된다는 생각으로 완성된 상상으로 멘탈을 유지하고 이어간다. 어제의 자신과 경쟁한다. 타인과 경쟁하면 끝이 없고 수없이 깨진다. 어제의 자신과 비교 경쟁해서 성장하는 것도 브랜딩이다. 자신을 일으켜 세우고 자신과의 경쟁에서 이길 때마다 브랜드는 더욱 단단해진다.

브랜딩 20년, 그 사이 힘든 일이 있어도, 피하고 싶은 악조건 기후 등에도 대신할 연차도 휴가증도 없이 강사의 삶을 살아왔다. 아파도 해야 하고, 힘들어도 해야 하고, 괴로워도 해야 했다. 그래서 그 순간 회의를 느낄 때도 있었지만, 약속된, 계약된 강의이기에 해야 하고 움직였다. 움츠리고 싶고 포기하고 싶은 순간에도 나를 깨우고 일으켜 움직이게 한 것이 강의이다. 내게 강의는 그런 존재감이다. 그냥 하는 강의가 아닌 나를 울게 하고 나를 웃게 하고 나를 일으키고 나를 살게 한다. 이제는 내

삶의 동반자이자 내가 너(브랜드)를 만들고 네가 나를 일으켜 세운다.

브랜딩을 통해 브랜드를 만들려는 이유가 조금씩은 다르겠지만 대부분 공통적인 이유를 가진다. 성공, 행복! 행복한 자신의 삶을 위해서 브랜딩하고 브랜드를 만들려한다. 당신의 삶이 행복해지기 위한 비밀을 쉽게 정리해서 공개한다.

만들고자 하는 브랜드 목표를 정한다.

목표 달성된 자신을 상상한다.

즐기며 실행한다.

목표 달성 후에는 꼭 보상한다.

더 높은 목표를 설정한다.

반복해서 또 실행한다.

당신이 원하는 당신만의 브랜드를 정하고 나답게 나다운 방법으로 브랜딩 한다. 이것이 퍼스널 브랜딩 전략이며 행복해지는 방법이다. 이제 나다움으로 브랜딩에 성공한 당신의 브랜드 완성 행복 이야기를 듣고 싶다.